XBRL 주석
작성 가이드

김상노 지음

XBRL 주석 작성 가이드

발행일_ 2023년 6월 28일

지은이_ 김상노
발행인_ 이강준
펴낸곳_ 도서출판 조명문화사
서울특별시 마포구 독막로8길 10, 2층
전화 02-498-3017 팩스 02-498-3018
홈페이지 http://www.cmpress.co.kr
출판등록_ 1989년 7월 13일 제2-846호

ISBN_ 978-89-7257-529-0 93320
정가_ 30,000원

XBRL 주석 작성 가이드

한국XBRL본부 이사 **김상노** 지음

XBRL

도서출판 조명문화사

목차

5장 주석별 XBRL 매핑실습 ················ 81

1장

Dimension 구조의 이해

1. Dimension 구조는 무엇인가?

1. Dimension 구조는 무엇인가?

1-1. Dimension 구조의 이해

Dimensions 구조는 하나의 개념과 하나의 사실이 연계된 평면적 표현이 아니고, 표 형식의 다차원 큐브에서 분석할 수 있도록 공간 개념을 둔 것이다. 하나의 사실을 하나 이상의 "구분"으로 나누어 DB화하는 구조인 것이다.

예를 들어 "2022년도 매출액은 100,000백만원이다."[1]라는 정보를 XML 구문으로 나타내면, 〈매출액 contextRef="FY2022Dl" unitRef="KRW" decimals= "-6"〉 100000000000 〈/매출액〉으로 표현될 것이다. 이는 100000000000이라는 사실에 매출액이라는 개념을 연계한 평면적(차원이 없는) 표현이다.

하지만, 매출액을 부문별로 "구분"하는 주석을 작성할 때에는 2022년도 매출액 100,000백만원을 "부문"이라는 "구분"[2]으로 나누어 주어야 한다. 이 경우 데이터는 X축(열)과 Y축(행)[3]의 차원을 가지는 표 형식의 데이터 구조가 되는 것이다. 2022년도 매출액 100,000백만원을 "부문"이라는 "구분"으로 하여 백색가전과 반도체 부문별로 각각 30,000백만원과 70,000백만원으로 나누어 표로 나타내면 다음과 같다.

(단위:백만원)

구분	백색가전 부문	반도체 부문	합계
매출액	30,000	70,000	100,000

이 때, 매출액 합계 100,000백만원은 손익계산서에서 XBRL로 DB화한 금액과 동일하지

1 entity 정보는 contextRef를 통해 사전에 정의했다고 가정한다.

2 XBRL Dimension 문법에서는 Axis이다.

3 금융감독원이 배포한 XBRL 편집기의 용어를 괄호 안에 표시하였다.

만, 해당 사실(매출액 100,000백만원)이 "부문"이라는 "구분"을 통해 "백색가전 부문"과 "반도체 부문"으로 사실이 나눠지는 것(30,000백만원과 70,000원)을 Dimensions 구조로 DB화한 것이다.

이 때의 매출액 정보는 두 개의 XML 구문으로 DB화된다. "2022년도 백색가전부문 매출액은 30,000백만원이다."와 "2022년도 반도체부문 매출액은 70,000원이다"라는 두 개의 정보이다. 이를 XML 구문으로 나타내면, 〈매출액 contextRef="FY2022D_백색가전부문Member" unitRef="KRW" decimals="-6"〉 30000000000 〈/배출액〉, 〈매출액 contextRef="FY2022D_반도체부문Member" unitRef="KRW" decimals="-6"〉 70000000000 〈/매출액〉으로 표현된다. 이때, "백색가전 부문과 반도체 부문의 합계는 100000000000이다."라는 XML구문은 추가적으로 만들 필요가 없는데, 이는 "2022년도 매출액은 100,000백만원이다."의 구문과 의미가 동일하기 때문에 데이터의 중복을 방지하기 위해 추가로 XML구문을 생성하지 않는다.[4] 즉 하나의 사실(매출액은 100,000백만원)을 구성요소(Member)로 분화시키는 작업이 바로 Dimension 구조를 설계하는 일이다.

여기서 "부문"을 "구분"으로 하는 데이터에 "지역"이라는 "구분"을 추가하여(다차원을 구성하여) 매출액을 체계적으로 DB화할 수도 있겠다. 이 경우 표 형식의 데이터 구조는 다음과 같다.

(단위:백만원)

구분	백색가전 부문	반도체 부문	합계
국내	10,000	40,000	50,000
국외	20,000	30,000	50,000
합계	30,000	70,000	100,000

이는 다음의 두 개의 표를 합친 것이다.

4 만약, 해당 합계가 해당 개념의 사실과 일치하지 않는다면, 해당 합계에 대한 구문을 추가로 생성해야 하며, 이는 Definition linkbase에서 도메인과 멤버의 관계를 dimension-domain으로 설정하면 된다.

(단위:백만원)

구분	백색가전 부문	반도체 부문	합계
매출액	30,000	70,000	100,000

(단위:백만원)

구분	국외	국내	합계
매출액	50,000	50,000	100,000

이는 매출액 100,000백만원을 "부문"과 "지역"을 "구분"하여 세부적으로 DB화한 것이다. 이 때, 국외 백색가전 부문 20,000백만원을 XML구문으로 나타내면, 〈매출액 contextRef="FY2022D_국외Member_백색가전부문Member" unitRef="KRW" decimals="-6"〉 20000000000 〈/매출액〉이 된다.

1-2. Dimension 구조의 문법

(1) Dimension 구조의 문법(X축(열))

Dimension 구조를 설계할 때에는 사전에 정해진 문법을 따라야 하는데, 표1은 Dimension 구조에서 X축(열)을 구성하는 Member를 구조화하는 문법이다.

표1. Dimension 구조의 문법(X축(열))

타입	label
Hypercube item	Table
Dimension item	Axis
Domain item	Member
Member item	Member

① Hypercube item(table) : Hypercube item은 다차원 구조를 나타내는 개념으로 표를 형성하게 하며,[5] 표(table)를 이루는 요소(element)로서, 축(axis) 이하 하위 요소들을 그룹핑해주는 역할을 한다.

5 XBRL 강의 시에는 컴퓨터에 "이제 표를 만들 거에요"를 알려주는 언어라고 설명하고 있다.

② Dimension item(axis) : Dimension item은 위 사례에서 매출액을 백색가전과 반도체 부문별로 각각 30,000백만원과 70,000백만원으로 나누어 표를 구성하려고 했을 때의 "구분"이다. "구분"의 이름을 정의함으로써 하위에 구성될 구성요소(member)를 그룹핑한다. 백색가전과 반도체 부문별로 구분한 사례에서 "구분"은 "부문별 구분"이 될 수 있겠다. 하나의 Lineitem(항목)에 대한 값을 특정 기준에 의해 구분 공시하고자 할 때, 그 기준을 나타내기 위해 사용되는 기술적 개념이다. 예를 들어, 한 기간의 수익(매출)은 사업 부문 axis, 국가 axis, 제품 axis 등을 사용하여 구분 공시될 수 있다. 즉, Lineitem(항목)을 여러 분류의 "구분"으로 분화시킬 수 있는 것이다.

③ Domain item, Member item : Member item은 "백색가전"과 "반도체 부문"과 같이 표의 X축(열)을 구성하면서, 매출액(Lineitem(항목))과 연결시켜 다차원 정보를 생성한다. 위 사례에서는 백색가전부문과 매출액이 연결되면서, "백색가전 부문의 매출액은 30,000백만원이다."라는 정보가 생성되는 것이다.
Domain item은 하위 멤버를 포괄하는 상위 멤버이다. "백색가전"과 "반도체 부문"은 사업부문이므로, 이를 포괄하는 도메인 멤버는 "사업부문"이 되며, 합계(total value)값을 DB화할 수 있다. 즉, 별도의 합계 멤버를 생성할 필요는 없다.

위 부문별 매출액 사례를 Dimension 구조의 문법과 연결시켜 보면 다음과 같다.

타입	label	사례에서의 정보
Hypercube item	Table	
Dimension item	Axis	부문별 구분
Domain item	Member	사업부문
Member item	Member	백색가전, 반도체

실제 IFRS-Taxonomy에서의 해당 요소(element)의 내용을 보면 다음과 같다.

- Table

name	DisclosureOfProductsAndServicesTable
id	ifrs-full_DisclosureOfProductsAndServicesTable
type	{http://www.xbrl.org/2003/instance}stringItemType
substitutionGroup	{http://xbrl.org/2005/xbrldt}hypercubeItem
periodType	duration
balance	
abstract	TRUE
nillable	TRUE

- Axis

name	ProductsAndServicesAxis
id	ifrs-full_ProductsAndServicesAxis
type	{http://www.xbrl.org/2003/instance}stringItemType
substitutionGroup	{http://xbrl.org/2005/xbrldt}dimensionItem
periodType	duration
balance	
abstract	TRUE
nillable	TRUE

- Domain

name	ProductsAndServicesMember
id	ifrs-full_ProductsAndServicesMember
type	{http://www.xbrl.org/dtr/type/non-numeric}domainItemType
substitutionGroup	{http://www.xbrl.org/2003/instance}item
periodType	duration
balance	
abstract	TRUE
nillable	TRUE

멤버는 표준 택사노미에 없기 때문에 확장(Extension)해야 하므로 사례 제시를 생략한다. 멤버는 회사의 특성상 매우 다양하기 때문에 표준에서 모두 정의해 줄 수 없으므로 확장이 일반적이다.

위의 해당 요소(element)의 내용을 살펴보면, Table, Axis, Domain의 name과 id에 각각 Table, Axis, Member가 붙는 것을 알 수 있다. 이렇듯 해당 요소(element)에 Dimension 구조에 사용되는 역할을 알려주는 접미사를 붙이는 것이다. 이는 확장

(Extension)할 경우에도 동일한 규칙을 따른다.

또한, 하이퍼큐브(hypercube item), 액시스(dimension item) 및 도메인&멤버(domain member)의 periodType은 duration이다.

(2) Dimension 구조의 문법(Y축(행))

한편, 매출액은 사실에 대한 의미를 부여하는 개념(concept)인데, 테이블 구조에서는 이러한 개념을 그룹핑하는 요소(element)가 있는데, 이를 Lineitem(항목)이라고 부른다. Lineitem(항목)은 다시 Lineitem(항목)을 그룹핑하는 개요(abstract)와 사실에 의미를 부여하는 개념(concept)으로 나뉜다.

따라서, Dimension 구조를 설계할 때, Y축(행)에서 맨처음으로 구성하는 요소(element)는 "라인아이템(Lineitem) 개요(abstract)"이며, 다음으로 "라인아이템(Lineitem) 개념(concept)"들을 구성한다. 표2는 Y축(행)을 구성하는 라인아이템을 구조화하는 문법이다. "라인아이템(Lineitem) 개요"는 abstract이므로 데이터 입력이 되지 않는다.

표2. Dimension 구조의 문법(Y축(행))

종류	타입	label
라인아이템 개요	stringItemType	LineItems
라인아이템 개념	값에 따른 속성부여 (monetaryItemType 등)	사실을 DB화하는 요소들 (Concept)로 별도로 구성항목을 표시하는 접미사가 없음

실제 IFRS-Taxonomy에서의 해당 요소(element)의 내용을 보면 다음과 같다.

\- 라인아이템(Lineitem) 개요

name	DisclosureOfProductsAndServicesLineItems
id	ifrs-full_DisclosureOfProductsAndServicesLineItems
type	{http://www.xbrl.org/2003/instance}stringItemType
substitutionGroup	{http://www.xbrl.org/2003/instance}item
periodType	duration
balance	
abstract	TRUE
nillable	TRUE

위의 "라인아이템(Lineitem) 개요"의 내용을 살펴보면, name과 id에 LineItems가 붙는 것을 알 수 있다. 또한, abstract="true"이므로 사실(Fact)을 가질 수 없다. 즉 Dimension 구조에서 Y축(행)의 제목(개요) 역할을 담당하는 것이다.

(3) Dimension구조의 요소들로 presentation linkbase에서 관계 설정

부문별 매출액 표를 presentation linkbase에서 parent-child관계로 구성해 보면 다음과 같다(id 기준).

id	보고서 요소
ifrs-full_DisclosureOfProductsAndServicesAbstract	Abstract
└ ifrs-full_DisclosureOfProductsAndServicesTable	Hypercube item
└ ifrs-full_ProductsAndServicesAxis	Dimension item
└ ifrs-full_ProductsAndServicesMember	Domain item
└ 백색가전 부문Member[6]	Member item
└ 반도체 부문Member[7]	Member item
└ ifrs-full_DisclosureOfProductsAndServicesLineItems	Lineitem 개요
└ ifrs-full_Revenue	Lineitem 개념

(*) parent-child 관계는 "└"표시(이하 같음)

사례에서 구성요소 id 확장 시 한글을 사용한 것은 이해를 돕기 위한 것이고, XBRL 요소는 모두 영어로 작성하여야 한다.

(4) 다차원 구성(축이 여러 개인 경우)

한편, Table 구조에서 여러 개의 Axis를 추가할 수 있는데, 동일한 Concept에 여러 개의 Table을 만들지 않아도 되어 효율적으로 인스턴스를 구성할 수 있기 때문이다. 위 매출액 사례에서 지역축(ifrs-full_GeographicalAreasAxis)을 추가하여 구성하면 다음과 같다(id 기준).

6 확장한 멤버로 회사의 적절한 prefix가 부여되어야 한다. 현재 금융감독원 XBRL 편집기에서는 금융감독원 회사고유번호가 부여되고 있다.(이하 같음)

7 확장한 멤버

id	보고서 요소
ifrs-full_DisclosureOfProductsAndServicesAbstract	Abstract
└ ifrs-full_DisclosureOfProductsAndServicesTable	Hypercube item
└ ifrs-full_ProductsAndServicesAxis	Dimension item
└ ifrs-full_ProductsAndServicesMember	Domain item
└ 백색가전 부문Member	Member item
└ 반도체 부문Member	Member item
└ ifrs-full_GeographicalAreasAxis	Dimension item
└ ifrs-full_GeographicalAreasMember	Domain item
└ 국내Member[8]	Member item
└ 국외Member[9]	Member item
└ ifrs-full_DisclosureOfProductsAndServicesLineItems	Lineitem 개요
└ ifrs-full_Revenue	Lineitem 개념

다차원으로 구성할 경우에는 축을 세운 순서대로 칼럼이 생기는데, 위 presentation linkbase 기준으로 값을 입력할 테이블이 생성되는 모습을 제시하면 다음과 같다(abstract 표시 생략). 표에 입력된 값들은 1-1에서 제시한 표의 값을 아래의 표에 입력한 것이다.

(단위:백만원)

구분	백색가전 부문	반도체 부문	합계
국내	10,000	40,000	50,000
국외	20,000	30,000	50,000
합계	30,000	70,000	100,000

<table>
<tr><td></td><td colspan="9">ifrs-full_ProductsAndServicesMember</td></tr>
<tr><td></td><td colspan="3">백색가전 부문Member</td><td colspan="3">반도체 부문Member</td><td colspan="3"></td></tr>
<tr><td></td><td colspan="3">ifrs-full_
GeographicalAreasMember</td><td colspan="3">ifrs-full_
GeographicalAreasMember</td><td colspan="3"></td></tr>
<tr><td></td><td>국내
Member</td><td>국외
Member</td><td></td><td>국내
Member</td><td>국외
Member</td><td></td><td>국내
Member</td><td>국외
Member</td><td></td></tr>
<tr><td>ifrs-full_
Revenue</td><td>10,000</td><td>20,000</td><td>30,000</td><td>40,000</td><td>30,000</td><td>70,000</td><td>50,000</td><td>50,000</td><td>100,000</td></tr>
</table>

8 확장한 멤버

9 확장한 멤버

즉, 도메인 멤버가 Dimension 문법에 필수적으로 들어가야 하므로 멤버가 2개이면 3개의 칼럼이 생기고(도메인 멤버의 합계 칼럼이 추가되는 것임), axis가 추가되면 해당 axis의 칼럼 수가 곱해진 칼럼이 생긴다. 위 사례에서는 국내, 국외 2개와 백색가전부문과 반도체부문 2개의 멤버를 구성하였으므로, (2+1)*(2+1)=9개의 칼럼의 표가 구현된다. 각 도메인 멤버의 오른쪽 끝에 합계열이 생성된다.

1-3. 실무에서 XBRL 주석 생성 과정

실무에서 XBRL을 이용하여 재무제표 주석을 작성하기 위해서는 XBRL 작성 프로그램이 필요하다. 현재 금융감독원에서는 XBRL 작성기를 개발 중에 있으며, 조만간 이용자에게 제공될 예정에 있다. 이 외에도 상용화된 XBRL 작성 프로그램(X-wand 등)이 이미 사용 가능한데, 금융감독원은 상용화된 XBRL 작성 프로그램에서 작성한 XBRL 파일을 XBRL 작성기에 업로드 가능하도록 기능 개선 중에 있다. 이러한 XBRL 작성 프로그램을 활용하면 XML의 세부 언어를 모두 알고 있지 않더라도 XML 기반의 XBRL 재무정보 공시 작업이 가능하다.

실무에서 XBRL 재무제표 주석을 생성하기 위해서는 ① 매핑(Mapping), ② 빌딩(Building), ③ 태깅(tagging) 과정을 거친다.

첫째, 매핑은 공시하고자 하는 회사의 재무제표 주석의 보고 체계를 XBRL 표준체계에 따라 설계해 주는 단계이다. 매핑작업의 주된 업무는 회사의 주석별로 표준 택사노미(taxonomy)에서 어떤 엘리먼트(element)를 사용하여 주석의 표를 DB화할 것인지를 설계하는 과정이다.
주석은 대부분 표의 형태로 공시되는데, XBRL에서 표를 구현하기 위한 규칙을 알고 있어야 한다. 다음은 LG전자의 부문별 매출액 정보이다.

〈LG전자의 부문별 매출액 정보〉

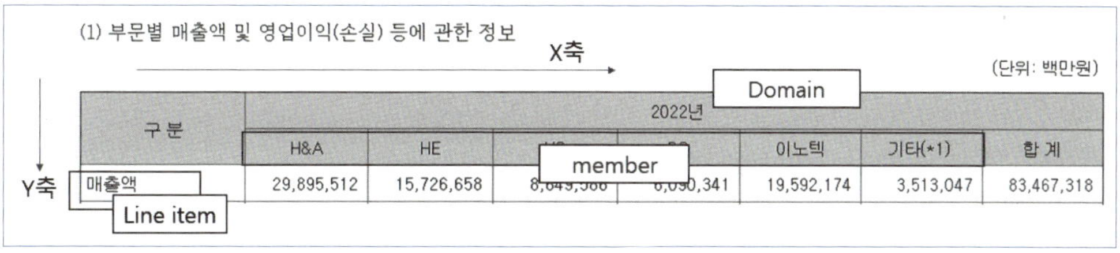

표를 살펴보면, 2022년 LG전자의 매출액 83,467,318백만원이 어떠한 부문들의 매출액 합계로 구성되어 있는지를 공시하고 있다. 여기서 "H&A"부터 "기타"는 매출액(Line item)을 구성하는 구성요소(member)가 된다. 구성요소의 합계(Domain)는 매출액(Line item)과 일치하게 된다. 여기서는 X축과 Y축(편의상 구성요소를 X축이라 부르지만, 반드시 주석의 X축이 구성요소가 되는 것은 아니다.)으로 차원(Dimension)을 구성하고 있으며, 해당 차원에서 사용되는 축(Axis)을 정의해야 한다. 이 주석에서 사용된 축은 부문축(SegmentsAxis)이 된다.

이렇게 표(Table)를 구성하기 위해 사용된 엘리먼트(element)는 부문축(Segments Axis)과 "H&A"부터 "기타"까지의 구성요소(member) 및 구성요소의 합계(Domain)인 부문 구성요소(Segments Member)와 라인아이템(line item)이 사용된다. 라인아이템(line item)은 반드시 라인아이템 개요(line items abstract) 하위에 구성하게 되고, 모든 Role의 트리 구조의 root가 있어야 하므로 개요(Abstract)가 있어야 한다.

이렇게 분석된 내용을 Dart taxonomy에서 엘리먼트(element)를 검색하여 구조화하게 되며 구조화된 내용을 정리하면 매핑이 완료되며 매핑 결과는 다음과 같다.

〈LG전자의 부문별 매출액 매핑 결과〉

prefix	name	label
ifrs-full	DisclosureOfOperatingSegmentsAbstract	영업부문에 대한 공시 [개요]
ifrs-full	DisclosureOfOperatingSegmentsTable	영업부문에 대한 공시 [표]
ifrs-full	SegmentsAxis	부문[축]
ifrs-full	SegmentsMember	부문[구성요소]
LGE	H&AMember	H&A[구성요소]
LGE	HEMember	HE[구성요소]

prefix	name	label
LGE	VSMember	VS[구성요소]
LGE	BSMember	BS[구성요소]
LGE	이노텍Member	이노텍[구성요소]
ifrs-full	AllOtherSegmentsMember	기타[구성요소]
ifrs-full	DisclosureOfOperatingSegmentsLineItems	영업부문에 대한 공시 [항목]
ifrs-full	Revenue	매출액

매핑 결과를 보면, prefix가 "ifrs-full"로 표시되어 있는 것과 "LGE"로 표시되어 있는 것으로 구분되어 있는데, "ifrs-full"은 Dart taxonomy에 있는 표준 엘리먼트(element)이고, "LGE"는 표준 엘리먼트(element)가 아니므로 확장(extension)된 것이다.

두번째, 빌딩은 사전에 매핑된 자료를 바탕으로 XBRL작성기에 해당 엘리먼트를 구현하는 단계이다. 매핑작업의 주된 업무는 회사의 주석별로 표준 택사노미(taxonomy)에서 어떤 엘리먼트(element)를 사용하여 주석의 표를 DB화할 것인지를 설계하는 과정이다. 상용화된 XBRL 작성 프로그램인 X-wand에 해당 Role을 생성하고, 매핑된 항목을 구현한 결과는 다음과 같다. 해당 구성을 presentation linkbase와 definition linkbase에서 구조화하며, Dimension 구조는 반드시 definition linkbase에서 table element 간의 관계를 정의하여야 한다.

〈LG전자의 부문별 매출액 빌딩(presentation linkbase) 결과〉

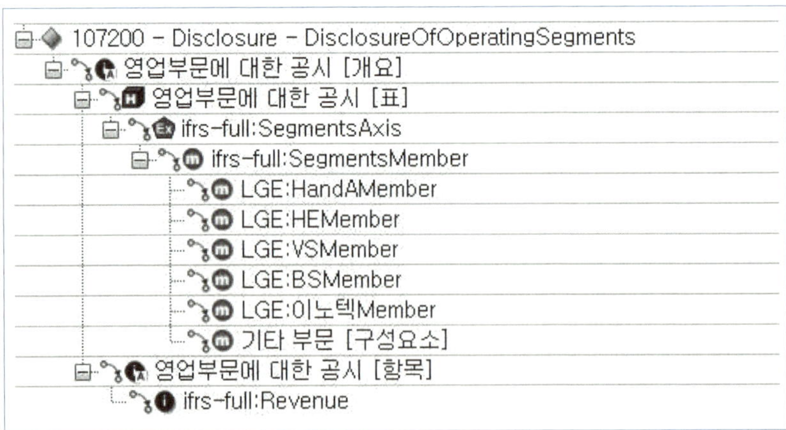

세 번째, 태깅은 빌딩까지의 과정을 통해 생성된 Company Level의 taxonomy에 값(value)을 입력함으로써 완성된다. 이를 위해서 사전에 회계연도, 기업명(공시대상회사의 고유번호)이 포함된 Context를 생성하고, 통화(KRW)를 설정하면, 다음과 같이 값(value)을 입력할 수 있도록 활성화된다. 본 사례에서는 definition linkbase에서 구성요소의 합계(Domain)와 매출액(Line item)이 동일하다는 정의를 해주었기 때문에, 손익계산서상 매출액이 표시되었다(손익계산서를 먼저 빌딩한 후 태깅하였기 때문).

〈LG전자의 부문별 매출액 태깅 전 Context 생성 결과〉

● 부문	부문						
● 영업부문에 대한 공시 [개요]	H&A	HE	VS	BS	이노텍	기타	
영업부문에 대한 공시 [개요]	(Abstract)	(Abstract)	(Abstract)	(Abstract)	(Abstract)	(Abstract)	(Abstract)
영업부문에 대한 공시 [항목]	(Abstract)	(Abstract)	(Abstract)	(Abstract)	(Abstract)	(Abstract)	(Abstract)
매출액	-	-	-	-	-	-	83,467,318,...

각 부문의 금액을 원 단위로 태깅하고 decimals를 "-6"을 주면, 표시는 백만원 단위로 표시가 된다. decimals의 -6은 소수점 이전 6자리보다 큰 자릿수 값이 '정확하다'라는 의미이다.

〈LG전자의 부문별 매출액 태깅 결과〉

● 영업부문에 대한 공시 [개요]	부문	Value	Decimals
영업부문에 대한 공시 [개요]		(Abstract)	
영업부문에 대한 공시 [항목]		(Abstract)	
매출액	H&A	29,895,512,...	-6
매출액	HE	15,726,658,...	-6
매출액	VS	8,649,586,0...	-6
매출액	BS	6,090,341,0...	-6
매출액	이노텍	19,592,174,...	-6
매출액	기타	3,513,047,0...	-6
매출액	부문	83,467,318,...	-6
매출액	부문	-	

본 사례에서는 영업부문 매출액 공시를 가지고 매핑, 빌딩, 태깅을 수행하였고, 그 결과는 회사가 공시한 주석의 표 모양과 동일한 형식으로 표시되었지만, 반드시 그런 것은 아니며, 동일한 라인아이템을 여러 차원으로 표시(축을 여러 개 사용)할 경우 보다 복잡한 표 형식으로 표시되게 된다.

2장 주요한 작성 원칙

1. 주석의 모든 정보를 태깅해야 한다.
2. 표준 택사노미에서 태깅하려고 하는 사실에 가장 적절한 개념을 가진 요소(element)를 찾아야 한다.
3. id를 확장할 때 검토해야 할 것들
4. 라인아이템과 멤버 확장 중 선택 기준
5. 택사노미의 축(axis) 하위의 도메인멤버를 변경하지 않아야 한다.

1. 주석의 모든 정보를 태깅해야 한다.

주석의 정보는 모두 XBRL 택사노미의 특정 요소(element)를 매칭시켜 구조화하여야 한다. 이 경우 제1장에서 살펴본 바와 같이 사실이 금액일 경우에는, 금액별로 XBRL 택사노미의 특정 요소(element)를 태깅하여야 하지만, 문장으로 구성되는 주석의 경우에는 반드시 XBRL 택사노미의 특정 요소(element)로 태깅해야 하는지에 대해 고민할 수 있다. 결론을 말하면 주석의 모든 정보는 XBRL 택사노미의 특정 요소(element)로 태깅하여야 한다. 이 때 태깅하는 방법은 두 가지가 있을 수 있다. 첫 번째는 사실별로 XBRL 택사노미의 특정 요소(element)로 태깅하는 디테일 태깅(detail tagging), 두 번째는 구역을 정해 해당 내용 전체를 하나의 요소(element)로 태깅하는 블락태깅(block tagging)이다.

1) 블락태깅(block tagging)의 예시

아래는 KB금융지주의 주석 32번 32.1 표 전체를 "1037-Disclosure-General and Administrative Expenses" 롤(role)에서 블락태깅(block tagging)한 예시이다. 예시에서는 32.1 전체 데이터를 HTML 형태로 데이터화한 것이다. 해당 데이터는 "Disclosure of general and administrative expense [text block]"라는 하나의 요소(element)에 태깅된 것이다.[1]

1 구문이 길고, 구문을 보면 오히려 혼돈을 가져올 수 있어 별도의 XML 구문 예시는 생략하였다.

〈표 전체를 블락태깅(block tagging)한 사례[2]〉

32. General and Administrative Expenses

32.1 Details of general and administrative expenses for the years ended December 31, 2020, 2021 and 2022, are as follows:

	2020	2021 (In millions of Korean won)	2022
Expenses related to employee			
Employee benefits—salaries	₩ 2,789,201	₩ 3,007,439	₩ 3,070,840
Employee benefits—others	871,014	927,665	988,778
Post-employment benefits—defined benefit plans	216,891	237,315	249,874
Post-employment benefits—defined contribution plans	37,328	37,731	45,655
Termination benefits	361,098	322,970	319,794
Share-based payments	49,364	101,935	58,275
	4,324,896	4,635,055	4,733,216
Depreciation and amortization	874,911	850,614	878,841
Other general and administrative expenses			
Rental expense	116,325	112,902	121,577
Tax and dues	260,071	268,383	310,853
Communication	53,596	60,221	63,871
Electricity and utilities	32,298	36,565	35,987
Publication	13,988	13,417	11,991
Repairs and maintenance	32,448	53,218	56,221
Vehicle	14,314	16,901	19,815
Travel	12,251	13,271	23,585
Training	27,610	34,056	36,890
Service fees	238,787	260,298	264,854
Electronic data processing expenses	280,773	314,511	397,315
Advertising	236,618	210,187	227,991
Others	295,926	321,254	354,795
	1,615,005	1,715,184	1,925,745
	₩ 6,814,812	₩ 7,200,853	₩ 7,537,802

2) 디테일 태깅(detail tagging)의 예시

디테일 태깅은 위 사례의 사실 하나하나를 개별적으로 XBRL 택사노미의 요소(element)로 태깅하는 것이다. 사례에서 2020년 종업원급여-급여(Employee benefits-salaries) 2,789,201백만원부터 2022년 일반관리비 합계 7,537,802백만원까지의 총 69개 사실(값)에 대해서 각각 XBRL 택사노미의 요소(element)로 태깅하는 것이다. 반면 블락태깅(block tagging)은 32.1 표 전체를 구역으로 하여 하나의 XBRL 택사노미의 요소(element)[3]로 태깅하는 것이다. 하나의 사례로 2022년도의 988,778백만원, 2021년도의 927,665백만원은 다음과 같이 각각 디테일 태깅된다.

2 웹에서 블락태깅한 내용이 디스플레이된 것을 화면 캡쳐한 것이다.

3 id:ifrs-full_DisclosureOfGeneralAndAdministrativeExpenseExplanatory

2022년도의 988,778백만원 : 〈ifrs-full:OtherShorttermEmployeeBenefits contextRef="P01_01_2022To12_31_2022"
decimals="-6"unitRef="Unit_KRW"〉988778000000〈/ifrs-full:OtherShorttermEmployeeBenefits〉
2021년도의 927,665백만원 : 〈ifrs-full:OtherShorttermEmployeeBenefits
contextRef="P01_01_2021To12_31_2021"
decimals="-6"
unitRef="Unit_KRW"〉927665000000〈/ifrs-full:OtherShorttermEmployeeBenefits〉

따라서, 문장으로 구성된 주석의 경우 하나의 요소(element)를 사용하여 일정 구역을 전체로 블락태깅(block tagging)하는 것을 고려할 수 있을 것이다. 하지만, 문장으로 구성된 주석의 경우에도 데이터를 세부적으로 구축하기 위해 개별적인 요소(element)를 사용하여 디테일 태깅(detail tagging)하는 것이 원칙이다. 본 책 5장 "1.연결대상회사의 개요"에서 문장 주석의 디테일 태깅에 대한 예시를 제시하였다.

한편, 표 안의 내용은 아니지만, 별도로 주기된 내용(아래 사례의 (*))도 별도의 요소(element)로 디테일 태깅(detail tagging)을 해야 할 수 있으므로 유의해야 한다. 해당 사례의 (*) 내용 중에 "10,416백만원은 사용이 제한되어 있습니다."와 같은 내용은 반드시 주석으로 공시하여야 하는 의무공시 사항(사용이 제한되어 있는 항목 공시)이므로 "ifrs-full_CurrentRestrictedCashAndCashEquivalents" 요소(element)를 사용하여 태깅하여야 한다.

〈주기로 공시된 내용도 태깅하여야 하는 사례〉

연결회사의 보고기간말 현재 현금및현금성자산의 구성 내역은 다음과 같습니다.

(단위: 천원)

구 분	당기말	전기말
보유현금	3,907,827	34,172
보통예금 및 기타금융기관예치금(*)	92,838,120	89,247,249
합 계	96,745,947	89,281,421

(*) 기타금융기관예치금은 취득일 현재 만기가 3개월 이내에 도래하는 정기예금 등을 포함하고 있습니다. 또한, 보통예금 및 기타금융기관예치금 중 10,416백만원은 사용이 제한되어 있습니다.

다만, 해당 사례에서 "기타금융기관예치금은 취득일 현재 만기가 3개월 이내에 도래하는 정기예금 등을 포함하고 있습니다."의 내용은 개념(기타금융기관예치금에 대한 세부 개념 설명)이기 때문에, 해당 개념을 잘 설명해 줄 수 있는 요소(element)를 선택하면 해결되는 것이므로 별도로 태깅할 사항은 아니다.

따라서, 위와 같은 주기의 내용이 별도의 요소(element)로 공시되어야 할 사실이라고 한다면, 문장의 경우라 하더라도(금액이 포함되어 있는지 여부와 관계없이) 별도의 요소(element)를 표준에서 선택 또는 확장하여 태깅하여야 한다. 이 때는 주석의 문장이 선택 또는 확장된 XBRL 택사노미 요소(element)로 데이터화 되는 것이다.

2. 표준 택사노미에서 태깅하려고 하는 사실에 가장 적절한 개념을 가진 요소(element)를 찾아야 한다.

주석은 계정과목명으로만 사실이 공시되지 않고, 다양한 내용(변동내용 등)을 표시하는 내용으로 구성되어 있어 표준 택사노미에서 적절한 요소(element)를 검색하여 선택하기가 매우 어렵다. 하지만, 이러한 어려움이 있다고 해서, 표준 택사노미에서 가장 적절한 개념을 가진 요소(element)를 찾기 위해 여러 고려요소를 검토하지 않고, 단순히 label만 보고 선택한다면 유사한 개념을 가진 요소(element)가 여러 개 있을 경우 잘못된 선택으로 인하여 태깅이 잘 못 될 수 있다.

택사노미에서 재무제표와 일치하는 가장 적절한 요소(element)를 찾으려면 다음을 고려하여야 한다.

1) 표준 레이블 또는 id[4]로 요소(element)를 검색하되, 해당 요소(element)의 속성을 반드시 확인하여야 한다.

예를 들어 "은행에 예치한 금액(자산)"을 공시하기 위해서 "Deposit"으로 id를 검색할 경우, "Deposit"이 포함된 "ifrs-full_DepositsFromBanks"도 조회가 된다. 이때 해당 id의 표준 레이블은 "은행으로부터의 예치금"이다. 이 경우, 해당 검색된 요소(element)가 "은행에 예치한 금액"을 공시하기 위한 적절한 개념인지를 판단하기 위해서는 표준 레이블 또는 id 이외에 해당 요소의 속성을 확인해 보아야 한다.

〈ifrs-full_DepositsFromBanks 속성〉

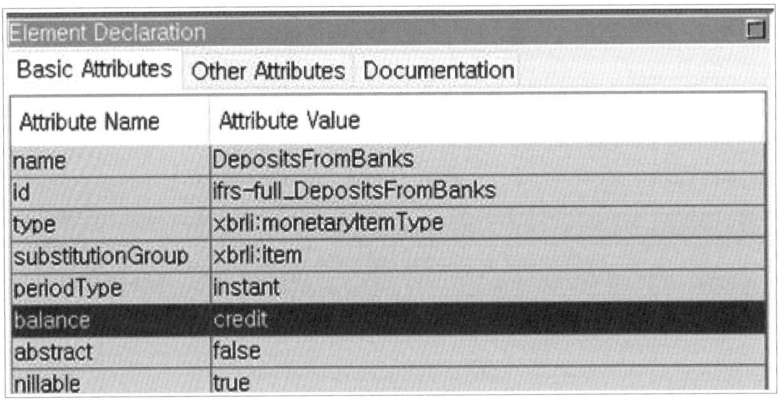

Attribute Name	Attribute Value
name	DepositsFromBanks
id	ifrs-full_DepositsFromBanks
type	xbrli:monetaryItemType
substitutionGroup	xbrli:item
periodType	instant
balance	credit
abstract	false
nillable	true

"ifrs-full_DepositsFromBanks" 속성을 살펴보면, 대차정보에 "credit"임을 확인할 수 있고, "ifrs-full_DepositsFromBanks"은 부채의 속성이 있는 개념인 것을 알 수 있다. 따라서 해당 id(ifrs-full_DepositsFromBanks)는 공시하려는 "은행에 예치한 금액(자산)"과 이름은 유사하지만 "은행에 예치한 금액(자산)"을 공시하기에 적절한 개념은 아닌 것이다.

속성을 살펴볼 때는 태깅되는 데이터의 속성을 살펴보아야 한다. "ifrs-full_DepositsFromBanks"는 monetaryitemType으로 화폐(통화) 정보를 표현하는 id임을

4 prefix와 name이 결합된 요소(element) 정의이다.

알 수 있다. 이 외에도 주식정보를 표현할 때 사용하는 "sharesitemType", 문자열 정보를 표현할 때 사용하는 "stringitemType" 등이 있으므로 해당 속성을 살펴보고 id를 선택하여야 한다.

2) 해당 id가 포함된 presentation linkbase를 확인한다.

표준 택사노미에는 XBRL 주석 공시를 돕기 위해 presentation linkbase를 예시하고 있다. 따라서 해당 요소(element)를 presentation linkbase에서 검색하면 해당 요소(element)가 어떻게 사용되는지 이해할 수 있다. dart taxonomy에서는"ifrs-full_DepositsFromBanks"를 검색해 보면, "[D800100] 주석 - 자산, 부채 및 자본의 세분류 - 연결"에서 "그 밖의 부채 [개요]" 하위에 설계되어 있는 것을 확인할 수 있다. 즉, "ifrs-full_DepositsFromBanks"는 부채의 속성이 있는 개념인 것을 알 수 있고, 해당 id(ifrs-full_DepositsFromBanks)는 공시하려는 "은행에 예치한 금액(자산)"과 이름은 유사하지만 "은행에 예치한 금액(자산)"을 공시하기에 적절한 개념은 아닌 것이다.

<"[D800100] 주석 - 자산, 부채 및 자본의 세분류 - 연결" presentation linkbase>

ifrs-full	MiscellaneousLiabilitiesAbstract	그밖의 부채 [개요]	1
ifrs-full	RecognisedLiabilitiesDefinedBenefitPlan	순확정급여부채	2
ifrs-full	DerivativeFinancialLiabilities	파생상품 금융부채	2
ifrs-full	DerivativeFinancialLiabilitiesHeldForTrading	단기매매 파생금융부채	3
ifrs-full	DerivativeFinancialLiabilitiesHeldForHedging	위험회피 파생금융부채	3
ifrs-full	DividendPayables	미지급 배당금	2
ifrs-full	InterestPayable	미지급 이자	2
ifrs-full	DepositsFromBanks	은행으로부터의 예치금	2

3) 유사한 개념의 요소(element)의 사례 중 유의하여 구분하여야 할 사항은 다음과 같다.

(1) 총액과 순액의구분

요소(element)를 선택할 때 id를 확인하여 총액을 표현하는 요소(element)인지, 순액을 표현하는 요소(element)인지 구분하여, 공시하려고 하는 개념을 정확하게 태깅할 수 있는 요소(element)를 선택하여야 한다.

예를 들어 비유동매출채권 개념과 관련하여 dart taxonomy를 검색해 보면, "비유동

매출채권"인 "ifrs-full_NoncurrentTradeReceivables"와 "장기매출채권"인 "dart_LongTermTradeReceivablesGross"이 검색되는데, 이 두 개의 요소(element)는 표준 레이블만 보아서는 동일한 개념으로 보일 수 있으나, id를 살펴보면 Gross가 마지막에 표시되어 있는 것과 그렇지 않은 것을 확인할 수 있다. 이를 통해 두 개의 요소(element)는 총액과 순액을 표시하는 다른 개념의 id임을 알 수 있다.

각각의 요소(element) 간의 관계를 나타내보면 다음과 같다.

관계	id	한글 label(이름)
	dart_LongTermTradeReceivablesGross	장기매출채권
(-)	dart_PresentValueDiscountsLongTermTradeReceivablesGross	현재가치할인차금
(-)	dart_AllowanceForDoubtfulAcccountLongTermTradeReceivablesGross	대손충당금
=	ifrs-full_NoncurrentTradeReceivables	비유동매출채권

(2) 유동과 비유동의 구분

재무상태표는 유동성 배열법과 유동·비유동 구분법이 있는데, 이런 분류 방법에 따라 요소(element)도 구분되는데, 이를 정확히 선택하여 사용하여야 한다. 즉, 유동성 배열법으로 비유동과 유동을 구분하지 않아도 되는 경우에는 "ifrs-full_TradeReceivables"을 사용하게 되고, 유동·비유동 구분법에는 "ifrs-full_NoncurrentTradeReceivables"와 "ifrs-full_CurrentTradeReceivables"를 사용하게 되는 것이다.

ID	영문 Label	한글 Label
ifrs-full_TradeReceivables	Trade receivables	매출채권
ifrs-full_NoncurrentTradeReceivables	Non-current trade receivables	비유동매출채권
ifrs-full_CurrentTradeReceivables	Current trade receivables	유동매출채권

3. id를 확장할 때 검토해야 할 것들

표준 Taxonomy에서 검색이 되지 않는 개념을 확장을 통해 신설하는 경우가 있다. 하지만, 다음과 같은 내용으로 확장은 하지 말아야 한다.

① 표준 요소(element)와 동일한 이름(name) 또는 동일한 표준 레이블을 가진 요소(element)를 확장하면 안 된다.

예를 들어, 표준 id "dart_CostOfSalesFromRoyalties"가 있는데, 동일한 name[5]으로 회사의 prefix(예hac)를 추가하여 "hac_CostOfSalesFromRoyalties"로 id를 만들면 안 된다는 것이다. 또한, "dart_ReceivablesOnConstructionContracts"의 표준 레이블이 "공사미수금"인데, 회사의 prefix(예hac)로 하여 확장("hac_ReceivablesOfConstructionContracts") 하고 표준레이블을 "공사미수금"으로 정의할 수 없다는 것이다.

즉, 동일한 이름(name) 또는 동일한 표준 레이블을 중복해서 회사의 prefix(예hac)로 하여 확장하여 id를 사용할 수 없는 것이다.

② 기간 개념을 가지는 요소(element)를 확장하면 안 된다.

예를 들어, 공사미수금 "dart_ReceivablesOnConstructionContracts"를 2021년 말 공사미수금으로 "hac_ReceivablesOfConstructionContracts2021", 2022년 말 공사미수금으로 "hac_ReceivablesOfConstructionContracts2022" 등으로 확장하면 안 된다. 연도 정보는 context를 생성하여 태깅하여야 하며, 동일한 개념은 연도별로 동일한 id를 사용하여야 한다.

또한, "hac_OpeningBalanceOfReceivablesOfConstructionContracts", "hac_EndingBalanceOfReceivablesOfConstructionContracts"와 같이 기초, 기말 id를 확장하는 것도 안 된다. 기초 기말 정보는 레이블에서 "periodStart", "periodEnd" 레이블을

5 요소(element)의 고유한 이름으로 prefix가 붙으면 id가 된다. label은 해당 id에 대해 label linkbase에서 표준 label 등을 정의해 주는 것이다.

사용하여야 한다.

③ 표에서 합계(Total) 개념을 가지는 요소(element)를 확장하면 안 된다.

Dimension 구조에서 필수로 구성하는 Domain이 합계를 나타내는 요소(element)이다. 즉 라인아이템의 금액이 구성요소(member)의 합계와 동일하게 되면, definition linkbase에서 "domain-default"를 선언하면 별도의 XML구문이 생기지 않으면서, 라인아이템의 금액이 합계의 역할을 하게 되는 것이다.

제1절에서 제시한 사례에서 "합계"는 별도로 구성요소(member)를 확장하지 않고 Domain이 만드는 열에 입력하면 된다. 즉, "hac_TotalOfSegment"와 같은 별도의 요소(element)를 확장하지 않고, 도메인 멤버인 "ifrs-full_ProductsAndServicesMember"를 사용하여야 한다.

(단위:백만원)

구분	백색가전 부문	반도체 부문	합계
매출액	30,000	70,000	100,000

④ 요소(element)의 name은 숫자로 시작하면 안 된다.

요소(element)를 확장할 때 name에 숫자로 시작하면 안 되며, 숫자가 반드시 필요하다면 영문(예; one, two 등)을 사용하여야 한다.

4. 라인아이템과 멤버 확장 중 선택 기준

주석을 작성하다 보면, 재무상태표 본문에 없는 계정과목을 사용하는 경우가 있다. 아래 사례를 살펴보면, "현금및현금성자산의 구성내역"으로 보유현금, 요구불예금, 특정금전신탁, 기타 현금및현금성자산의 계정과목을 사용하고 있다.

5. 현금및현금성자산과 기타금융자산

(1) 당기말과 전기말 현재 현금및현금성자산의 구성내역은 다음과 같습니다.

(단위: 백만원)

구 분	제 36(당) 기	제 35(전) 기
보유현금	563	687
요구불예금	565,913	495,525
특정금전신탁	338,906	408,723
기타 현금및현금성자산	495,636	41,636
합 계	1,401,018	946,571

이럴 경우 "현금및현금성자산"을 라인아이템으로 하고, 각각의 계정과목을 구성요소로 하여 명시적인 Dimension을 구성할 수도 있고(사례1), 명시적이지 않은 Dimension(차원을 이루지 않는 Context로만 비교되는 표)을 구성할 수도 있다(사례2).

〈사례1 : 명시적인 Dimension을 구성하는 경우〉

	보유현금	요구불예금	특정금전신탁	기타 현금 및 현금성자산	
현금및현금성자산	563	565,913	338,906	495,636	1,401,018

〈사례2 : 명시적이지 않은 Dimension을 구성하는 경우〉

보유현금	563
요구불예금	565,913
특정금전신탁	338,906
기타 현금및현금성자산	495,636
현금및현금성자산	1,401,018

사례1과 사례2의 차이점은 사례1은 멤버를 확장하게 되고, 사례2는 라인아이템 개념을 확장하게 된다는 점이다. 그렇다면 어떤 방식이 권장되어야 할까? 결론은 라인아이템 개념으로 확장하는 게 더 좋다는 것이다. 왜냐하면, 멤버로 확장하면 해당 계정과목은 더 이상 정보를 분화하는 데 사용될 수 없다. 즉, 보유현금을 멤버로 확장한다면, 보유현금을 "지역"이라는 "구분"으로 분화하여 추가적인 Dimension 구성은 어렵다는 것이다. 반면, 라인아이템 개념으로 확장하면, "지역"이라는 "구분"을 통해 국외보유 현금

과 국내보유 현금으로 분화해 나갈 수 있는 것이다. 따라서, 계정과목을 확장하는 경우에는 라인아이템으로 확장을 하고, 어떤 개념을 분류하는 확장일 경우에는 멤버로 확장하는 것이 좋다.

5. 택사노미의 축(axis) 하위의 도메인멤버를 변경하지 않아야 한다.

표를 구성하는 문법으로 축(axis) 하위에 도메인 멤버를 구성하여야 하는데, dart taxonomy는 presentation linkbase에서 축(axis) 하위의 도메인 멤버를 parent-child 관계로 구성해 놓고 있다. 예를 들어, "ifrs-full_ClassesOfFinancialAssetsAxis" 금융자산의 종류 [축] 하위에는 "ifrs-full_FinancialAssetsMember" 금융자산, 분류 [구성요소]를 도메인 멤버로 구성해 놓고 있다. 만약, "ifrs-full_FinancialAssetsAtAmortisedCostMember"상각후원가로 측정하는 금융자산, 분류 [구성요소]를 도메인 멤버로 구성한다면, 정보이용자에게 혼란을 줄 수 있다. "ifrs-full_ClassesOfFinancialAssetsAxis" 축을 사용하였을 때에는 상각후원가로 측정하는 금융자산만이 아닌 모든 금융자산에 대해 "대손충당금의 변동내역"과 같은 라인아이템 개념의 값을 기대하기 때문이다.

3장

XBRL 편집기 주석 사용법

1. 주석항목리스트에서 가져오기
2. 신규 주석 추가
3. 기타 기능 소개

XBRL 편집기를 사용해서 주석을 만들기 위해서 제일 먼저 선택하여야 하는 것은 사전에 구조화된 주석을 활용할 것이냐, 아니면 신규로 주석을 구성해 볼 것이냐의 선택이다. 회사의 주석 공시 내용이 사전에 구조화된 주석을 활용할 수 있을 정도로 유사하다면 해당 주석을 활용할 것을 선택할 수 있겠다.

1. 주석항목리스트에서 가져오기

이 방법은 사전에 구조화된 주석을 활용하는 방법이다. 다음 "판매비와관리비"에 대한 공시를 XBRL편집기의 "주석항목리스트에서 가져오기"를 사용하여 주석을 작성해 보도록 한다.

(단위:백만원)

	당기	전기
대손상각비	2,000	1,500
광고선전비	3,000	2,000
교육훈련비	1,500	3,000
차량유지비	1,000	700
도서인쇄비	500	400

한가지 유의할 점은 XBRL 편집기의 사용 사례는 최종본이 아니기 때문에 편집기 또는 dart 택사노미가 변경될 경우 해당 편집기의 기능 및 택사노미를 숙지하여야 할 것이다. 예를 들어 현재 사례로 제시한 "판매비와관리비"는 명시적인 Dimension 구조가 아닌데, 현재의 dart 택사노미와 XBRL 편집기는 "장부금액, 감가상각누계액, 상각누계액 및 손상차손누계액및 총장부금액 [축]"과 "장부금액 [구성요소]" 및 "공시금액 [구성요소]"으로 명시적인 Dimension 구조로 구조화하고 있다. 본 가이드에서는 현재의 dart 택사노미와 XBRL 편집기를 사용하여 사례를 제시한다.

아래 사례에서는 보고서를 만들기 위해 사전에 입력해야 할 “기본정보” 입력 예시는 생략한다.

1) 연결재무제표 주석 탭에서 우클릭하여 주석 선택하기

연결재무제표 주석 탭에서 우클릭하여 “주석항목리스트에서 가져오기”를 선택한다. “신규주석 추가”를 사용하면 별도의 주석을 구성할 수는 있으나, dart 택사노미에 있는 표준 테이블 id를 사용할 수 없기 때문에, 표준 테이블 id(사례에서는 dart_SellingGeneralAndAdministrative ExpensesTable)을 사용하기 위해서는 해당 id가 사전에 정의되어 있는 주석을 선택하여 가져와야 한다. 향후에는 “신규주석 추가”에서도 표준 테이블 id를 검색하여 사용할 수 있도록 개선될 수도 있으니 이를 확인해야 한다.

〈우클릭하여 “주석항목리스트에서 가져오기”를 선택〉

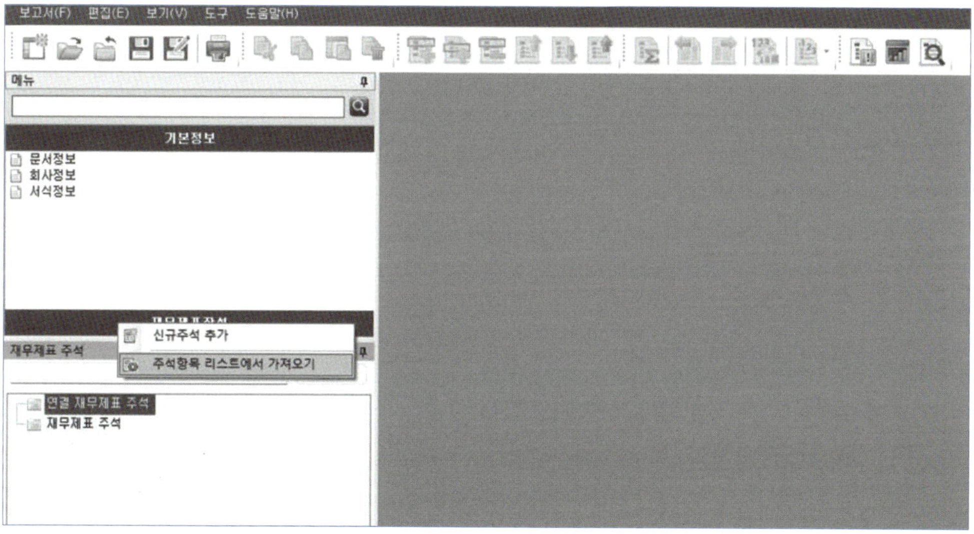

팝업된 “주석항목 리스트” 상단의 검색창에서 “판매비와 관리비”를 검색하면 판매비와 관리비 정보가 사전에 정의되어 있는 주석이 검색된다.

〈주석항목 리스트에서 검색〉

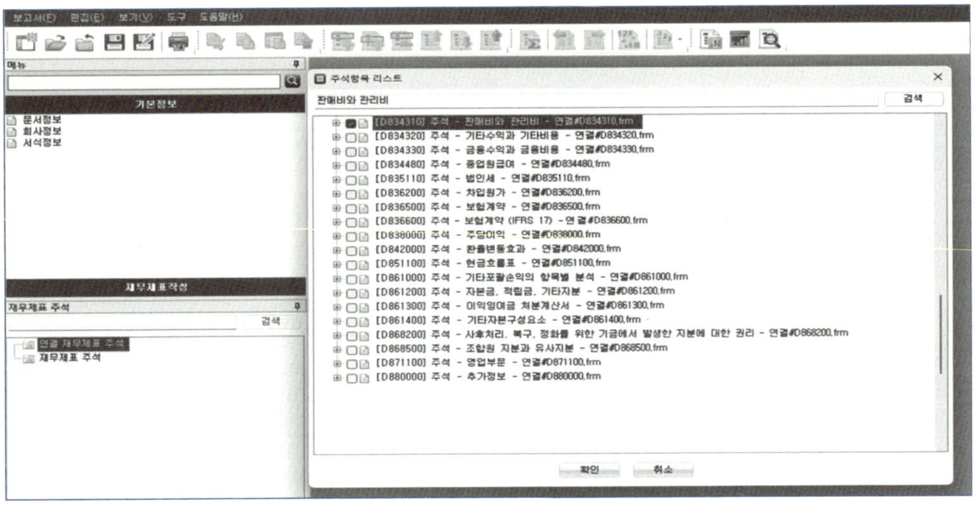

2) 해당 주석 탭에서 우클릭하여 주석항목에서 표 선택하기

"주석항목 리스트"에서 사용할 주석을 체크하고 확인을 누르면 연결재무제표 주석 탭에 [D834310] 주석 - 판매비와 관리비 - 연결] 주석이 생성[1]된 것을 확인할 수 있다. 생성된 해당 주석을 우클릭하고 제일 하단의 "주석항목 리스트에서 가져오기"를 클릭한다.

〈주석 생성 및 주석항목 리스트에서 주석 검색하기〉

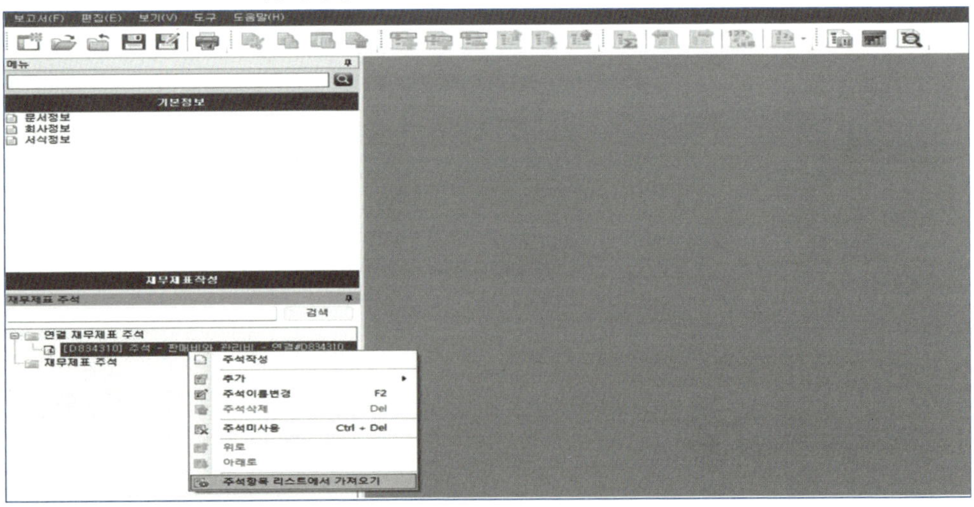

1 재무제표 작성가이드에서 설명한 "Role Type"이 생성된 것이다.

"주석항목 리스트에서 가져오기"를 클릭하면, 하단의 그림과 같이 해당 주석에서 사전에 정의된 [개요]와 [표]가 구성이 되어 있는 것을 알 수 있다. 앞서 설명한 바와 같이 표준 테이블[표]를 사용하기 위해서는 해당 표준 테이블[표]가 있는 주석을 가져와서 수정해야 한다. 반면, 신규주석만들기로 주석을 만들기 시작하면 표준 테이블[표] id는 신규로 생성(확장)해야 한다.

〈주석항목 리스트에서 표 가져오기〉

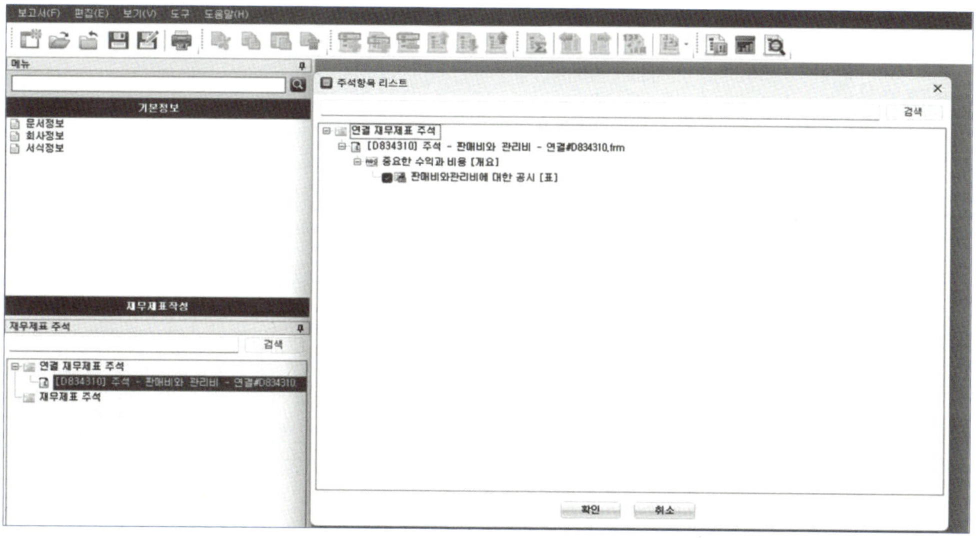

본 사례에서는 표준 테이블[표]을 가져오기 위해서 해당 내용을 클릭하여 가져오기로 한다.

확인을 누르면, 주석 탭 [D834310] 주석 - 판매비와 관리비 – 연결]의 하위에 "판매비와 관리비에 대한 공시 [표]"가 생성된 것을 확인할 수 있다. 이제 Dimension구조의 X축(열)과 Y축(행)을 빌딩할 수 있는 환경이 되었다.

<주석항목 리스트에 표 생성>

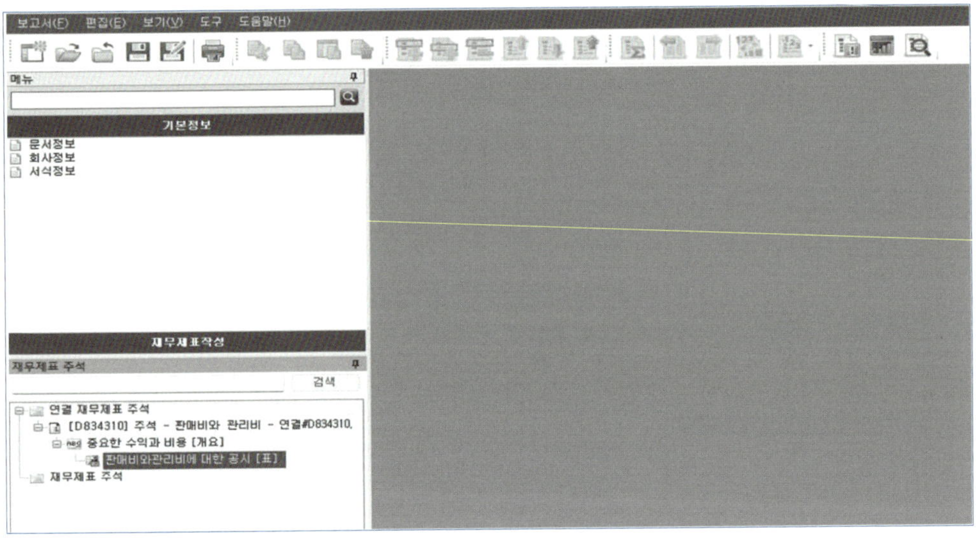

3) 주석의 표 상세 요소 빌딩하기

해당 표를 선택하여 우클릭하여, “속성”을 선택하면, 항목 상세속성 창이 팝업된다.

<표에서 속성 클릭>

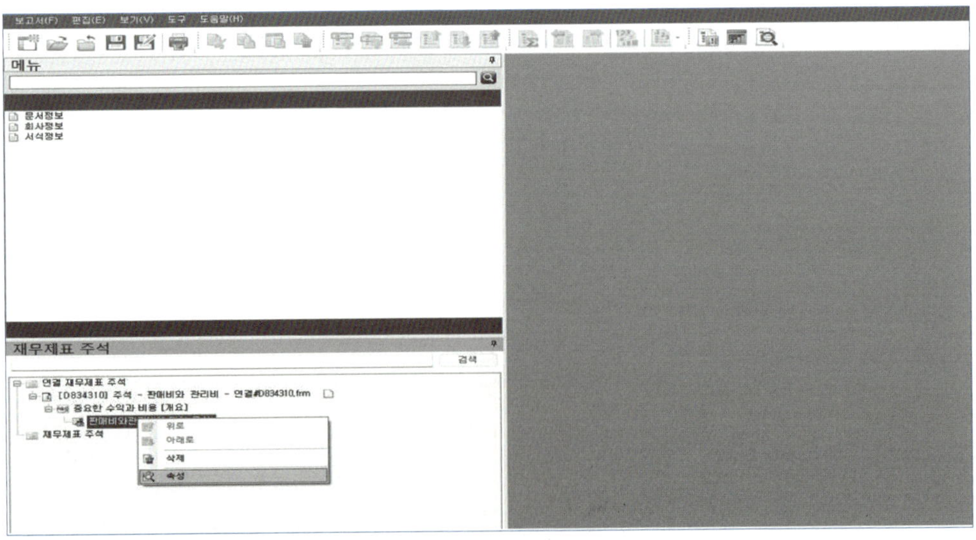

항목 상세 속성 창은 사전에 정의된 테이블[표]를 사용하므로 제목의 한글과 영문명은 사전에 정의된 내용이 입력되어 있음을 확인할 수 있고, 재무제표 주석에 보고되는 단위를 선택한다. 본 사례에서는 백만원 단위이므로 백만원을 선택한다.

〈항목 상세 속성에서 단위 설정〉

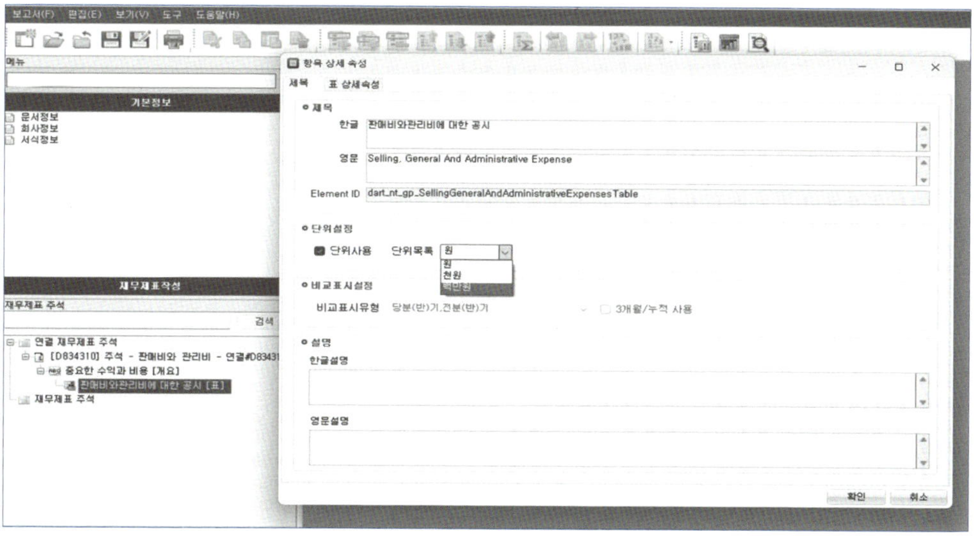

표 상세속성을 클릭하면 아래와 같이 행과 열로 탭이 구분되어 있는데, 행은 라인아이템이 빌딩되고, 열은 멤버들이 빌딩되게 된다. 클릭하여 팝업된 첫 화면에는 판매비와관리비 합계 라인아이템 개념이 빌딩되어 있는데, 합계를 주석에서 보여준다면 해당 항목을 사용하여 빌딩하면 된다. 본 사례에서는 합계 금액은 공시되지 않으므로 해당 라인아이템 개념 요소(element)는 삭제한 후 차례로 라인아이템 개념을 빌딩한다.

〈항목 상세 속성에서 표 상세속성 설정〉

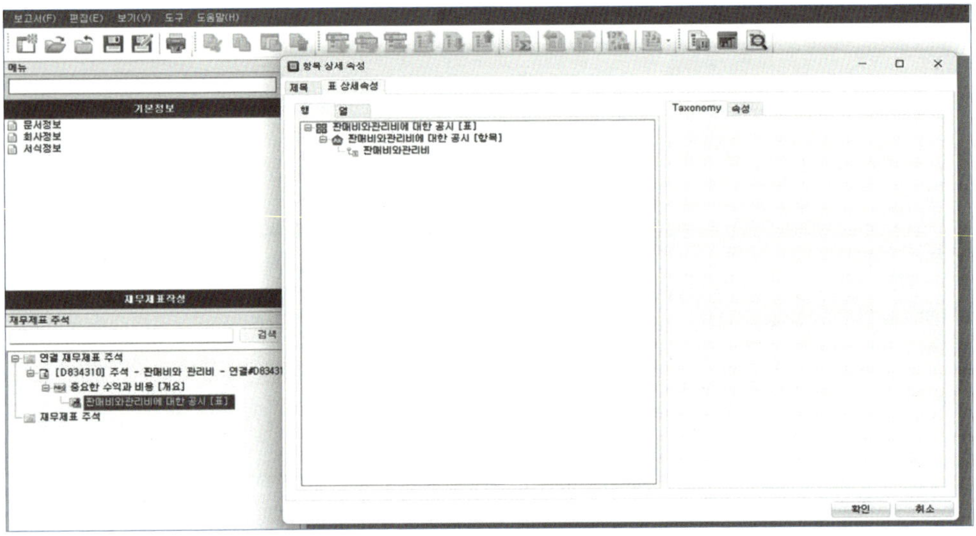

엘리먼트를 삭제할 경우에는 해당 요소(element)를 우클릭하여 삭제를 클릭한다.

〈항목 상세 속성에서 엘리먼트 삭제〉

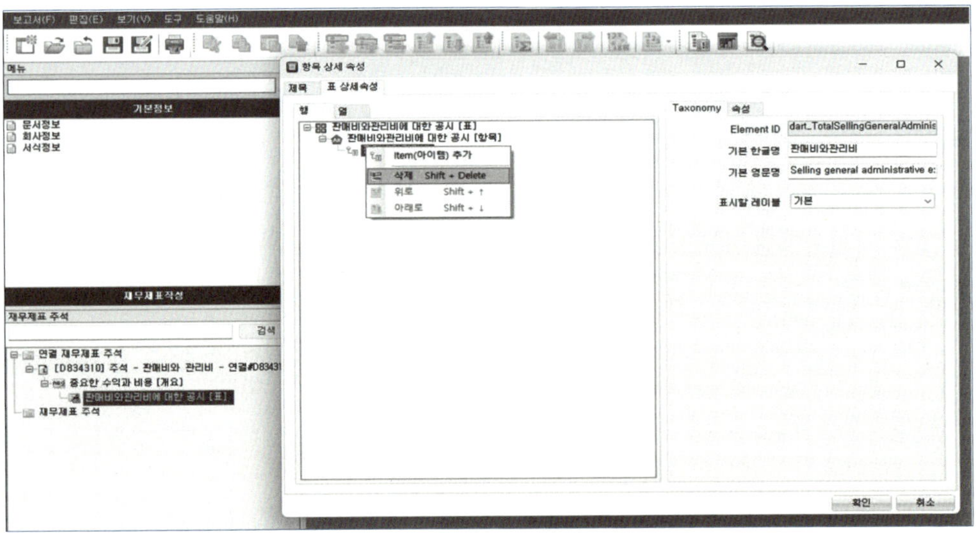

엘리먼트를 추가할 때에는 우클릭하여 "item(아이템) 추가"를 클릭한다.

〈항목 상세 속성에서 엘리먼트 추가〉

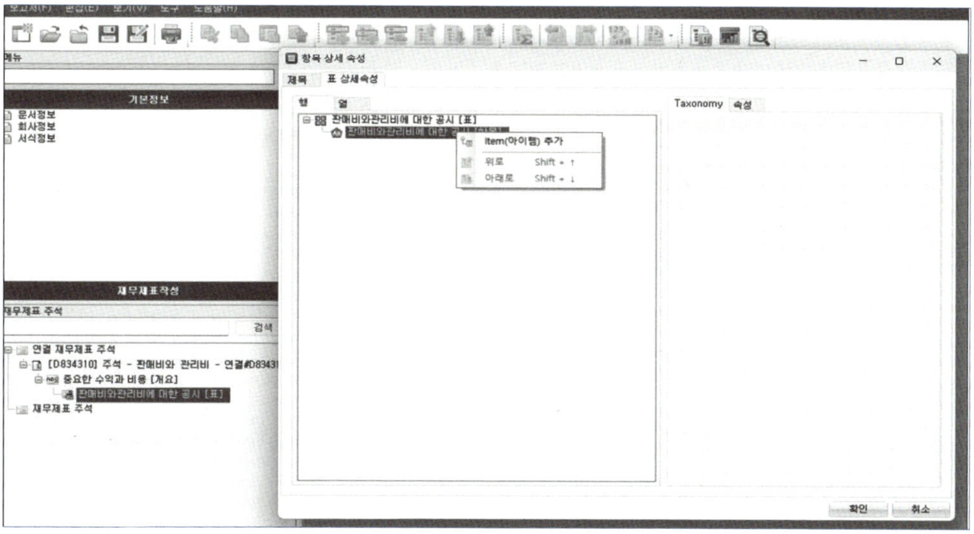

"item(아이템) 추가"를 클릭하면 다음과 같이 사전에 정의되어 있는 라인아이템 개념이 일괄 표시된다.

〈엘리먼트 선택〉

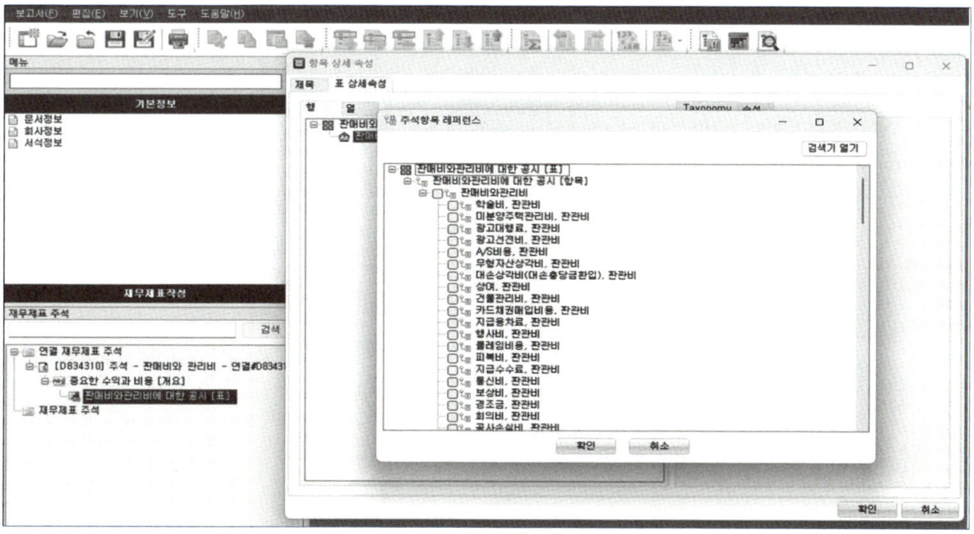

여기서 각 회사가 공시하는 라인아이템 개념을 선택하여야 하는데(본 사례에서는 대손상각비, 광고선전비, 교육훈련비, 차량유지비, 도서인쇄비), 이 때 라인아이템 개념 항목을 검색할 때 우측 상단의 "검색기 열기"를 선택하여 검색한다. 다음은 교육훈련비를 검색하여 보았는데, 판관비로 특정된 교육훈련비 id를 클릭하면 다음과 같이 검색된다. 해당 라인아이템 개념 id 들은 다른 롤에서 각각 사용되고 있으나 동일한 id이기 때문에 동시에 제시되고 있으며, 어떠한 롤에서 선택하여도 된다. 왜냐하면 모두 동일한 id이기 때문이다. 향후 XBRL편집기가 고도화되어서 주석항목 레퍼런스(presentation linkbase에서 보여주기 기능)이 아닌 단일 요소(element)가 팝업될 수도 있으니 이를 확인하여 사용하면 되겠다.

〈검색기에서 교육훈련비 id 검색〉

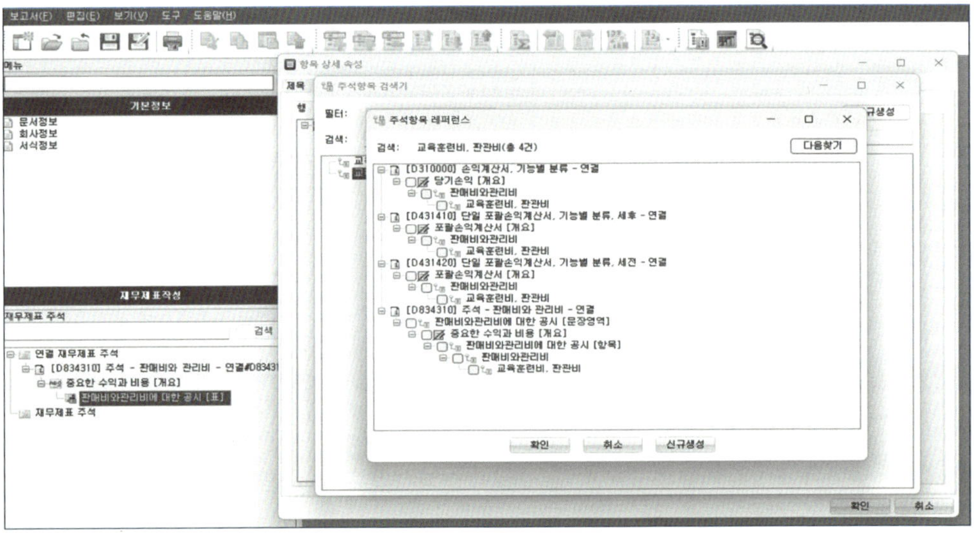

다음은 교육훈련비가 선택되어 "판매비와관리비에 대한 공시 [항목]" 하위에 빌딩된 모습이다.

〈교육훈련비 빌딩〉

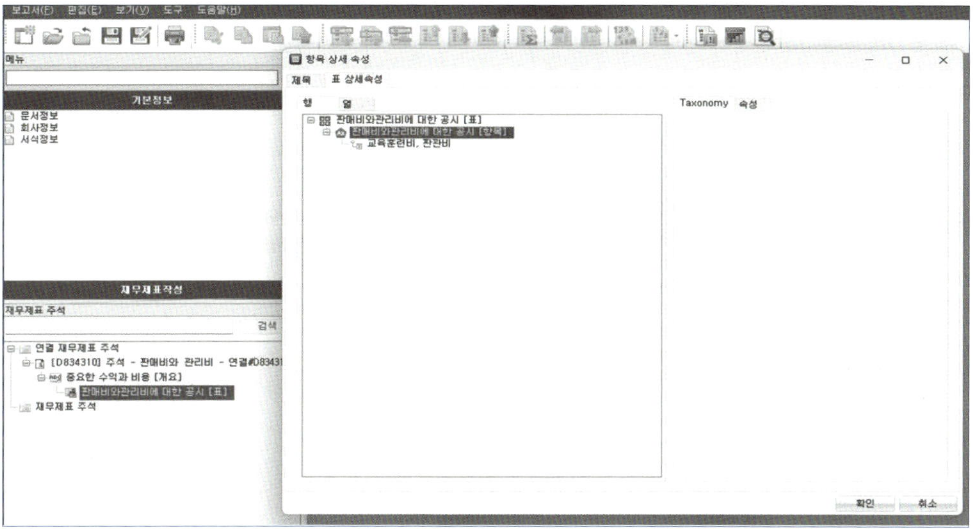

다음은 대손상각비를 동일한 방법으로 검색하면 아래와 같이 "대손상각비"단어가 포함된 여러 가지 요소(element)를 제시하는데, 앞서 설명한 것과 같이 판관비로 특정되는 요소(element)가 빌딩되어야 하므로 "대손상각비(대손충당금 환입), 판관비"를 클릭한다.

〈대손상각비 검색〉

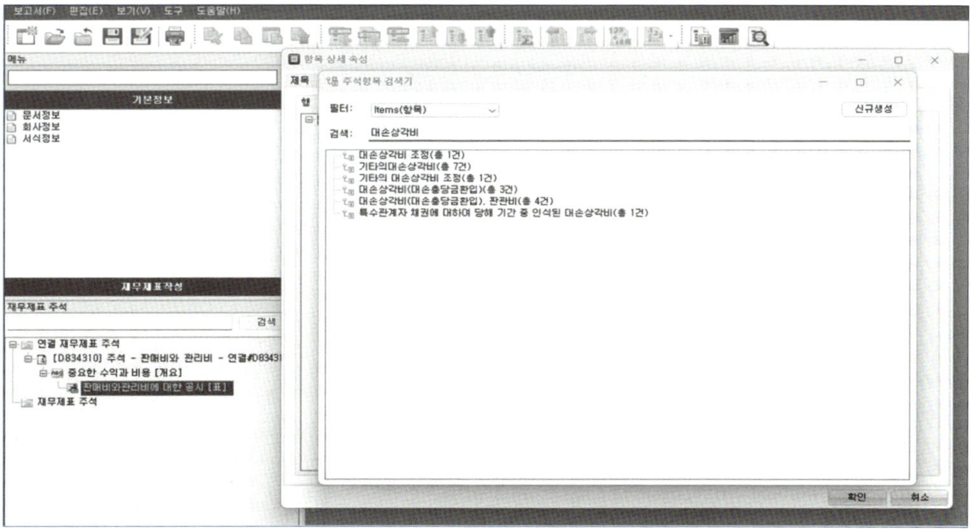

이 때, 검색창에서 검색된 "대손상각비(대손충당금 환입), 판관비"를 클릭하면 "대손상각비(대손충당금 환입), 판관비"가 빌딩된다. 앞서 설명한 바와 같이 검색된 여러 가지 롤에서 랜덤으로 선택하여도 동일한 id가 선택된다.

〈검색기에서 대손상각비 id 검색〉

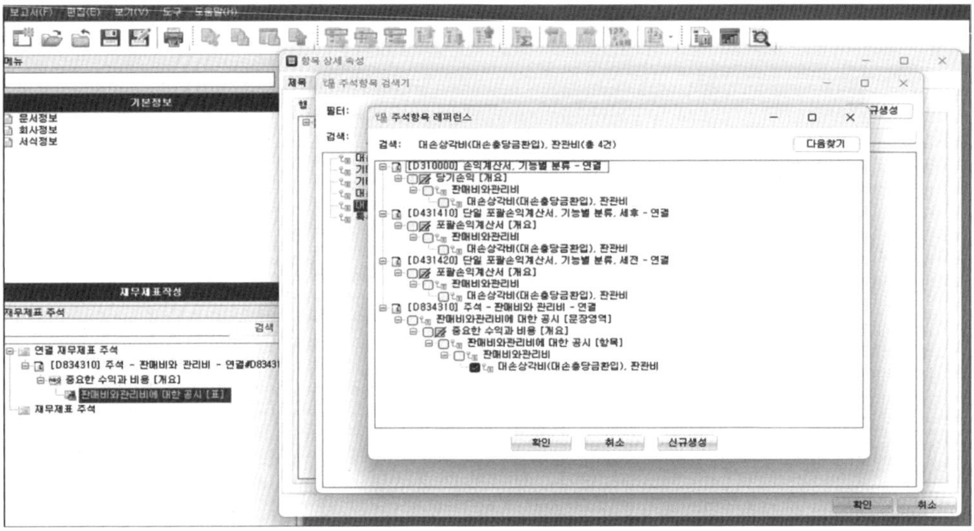

대손상각비를 선택하고 확인하면 다음과 같이 대손상각비가 빌딩된다.

〈대손상각비 빌딩〉

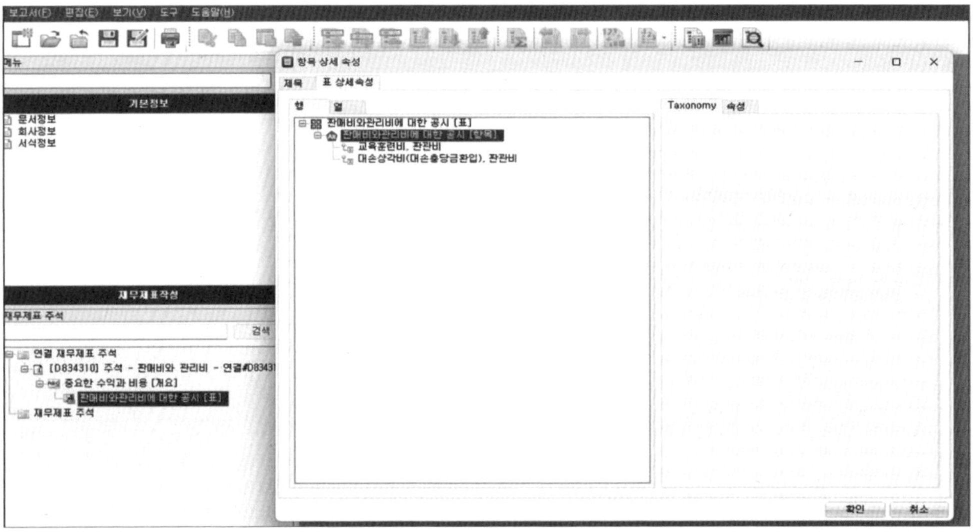

빌딩된 것을 보면, 빌딩된 순서대로 표시가 되므로 보고하고자 하는 순서를 바꾸려면, 순서를 변동시키고 싶은 요소(element)를 우클릭하여 "위로", 또는 "아래로"를 선택하면 된다.

〈엘리먼트 위치 변동〉

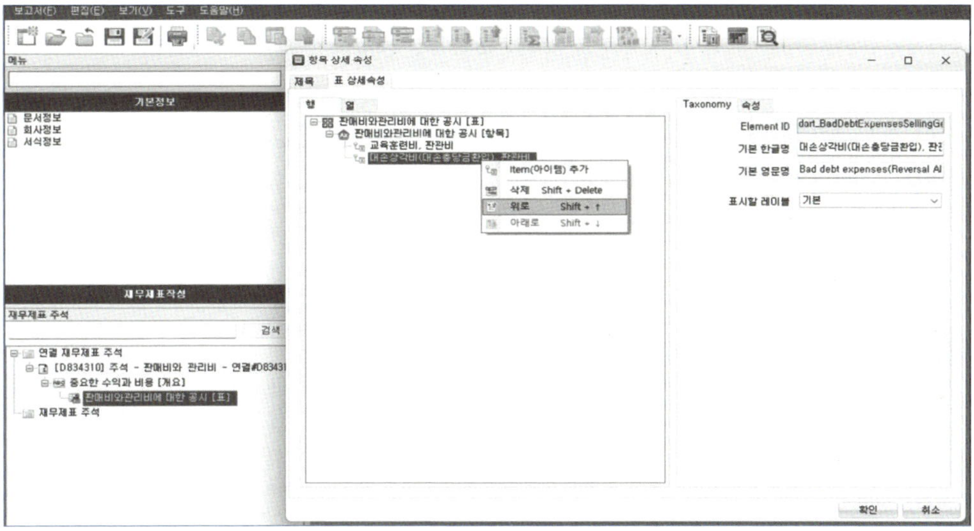

추가적으로 다른 라인아이템 개념을 검색하여 빌딩하면 행의 빌딩은 다음과 같이 완료된다.

〈행의 빌딩 완료〉

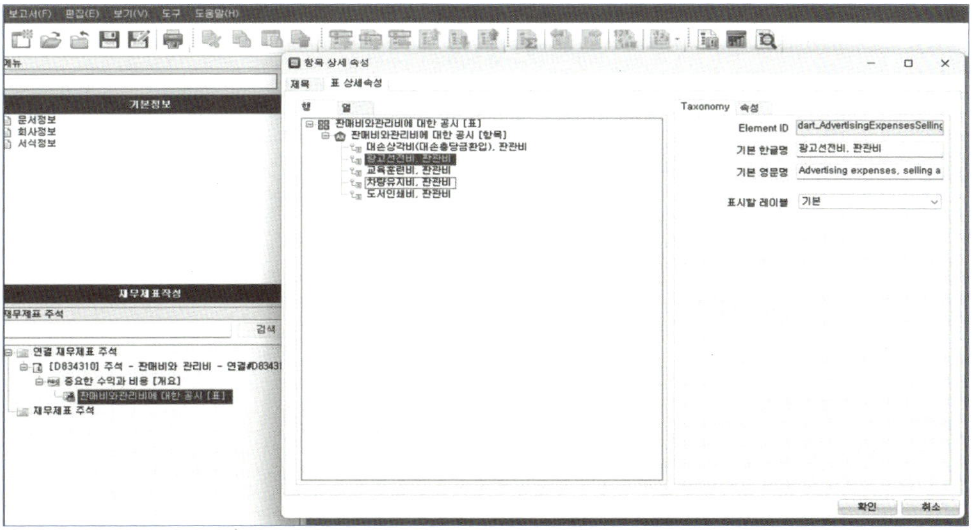

다음은 열을 클릭하여 구성요소(member)를 빌딩하여야 한다. 본 사례에서 열을 클릭하면, "판매비와관리비에 대한 공시 [표]"의 하위 축 "장부금액, 감가상각누계액, 상각누계액 및 손상차손누계액및 총장부금액 [축]"과 "장부금액 [구성요소]"가 사전 정의되어 있음을 확인할 수 있다.

〈표의 열 사전 빌딩 내용 확인〉

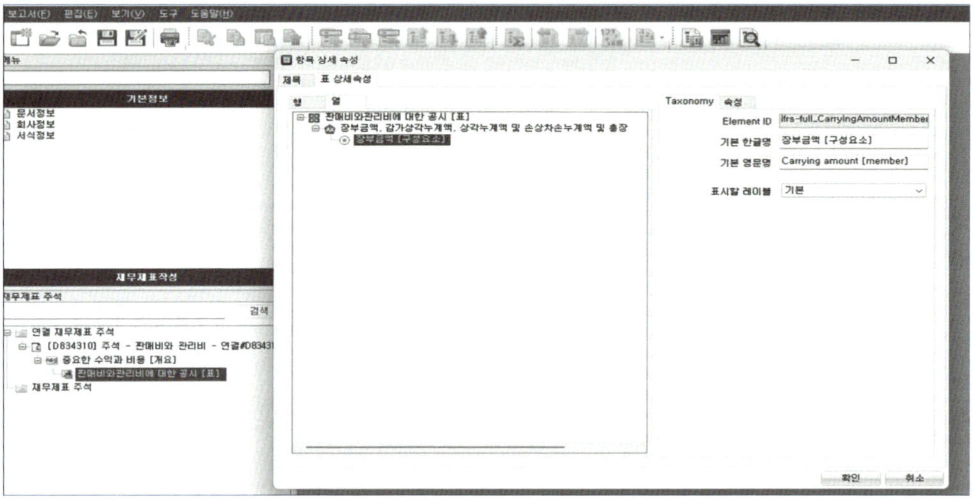

"장부금액 [구성요소]"를 우클릭하면 Member(멤버)추가를 확인할 수 있으며, 해당 내용을 클릭한 후 "공시금액 [구성요소]"를 추가로 검색하여 빌딩하면 된다.

〈Member(멤버)추가 선택〉

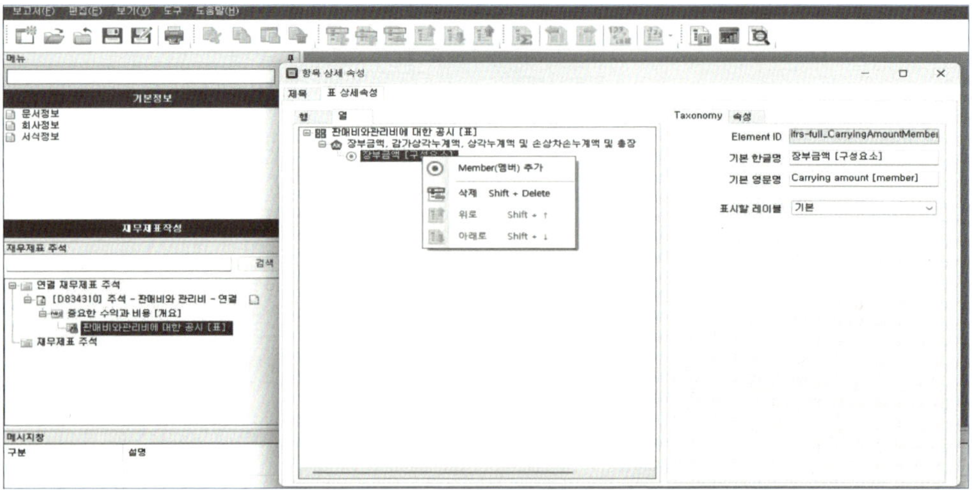

"공시금액 [구성요소]"를 검색하면 아래와 같이 검색되며, 공시금액 [구성요소]를 선택하면 된다.

〈공시금액 멤버 선택〉

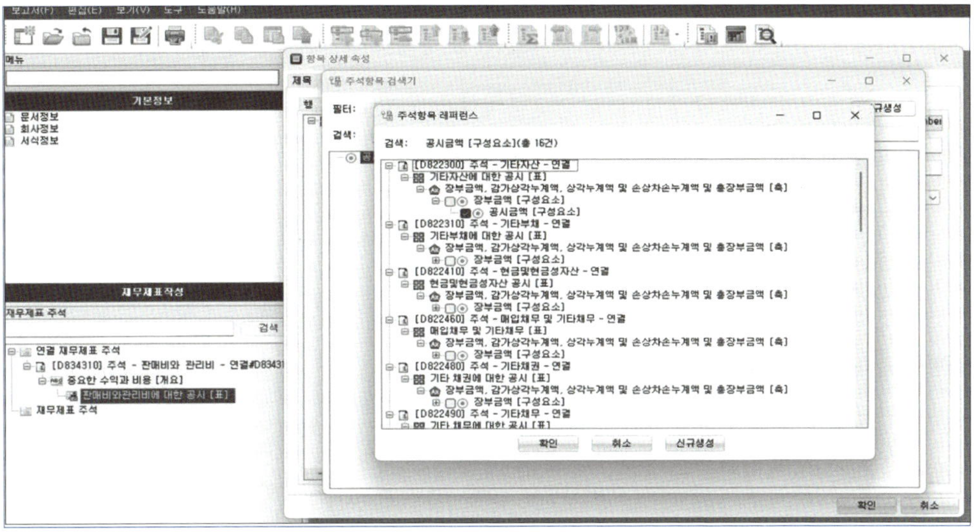

〈공시금액 구성요소 빌딩〉

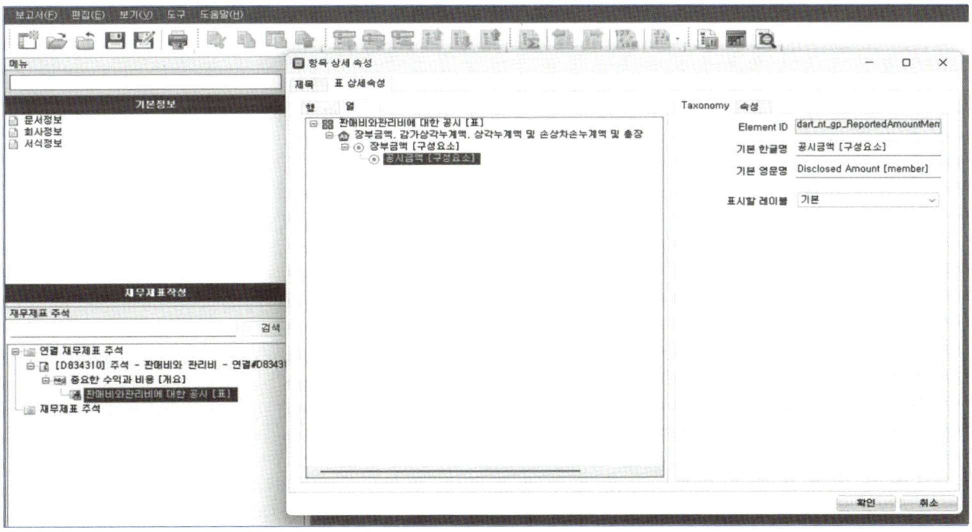

4) 값 입력하기

Dimension 택사노미 빌딩이 완성된 후, 동그라미 안의 보고서 표를 클릭하면, 해당 Dimension이 표 형식으로 표시된다.

〈표 완성〉

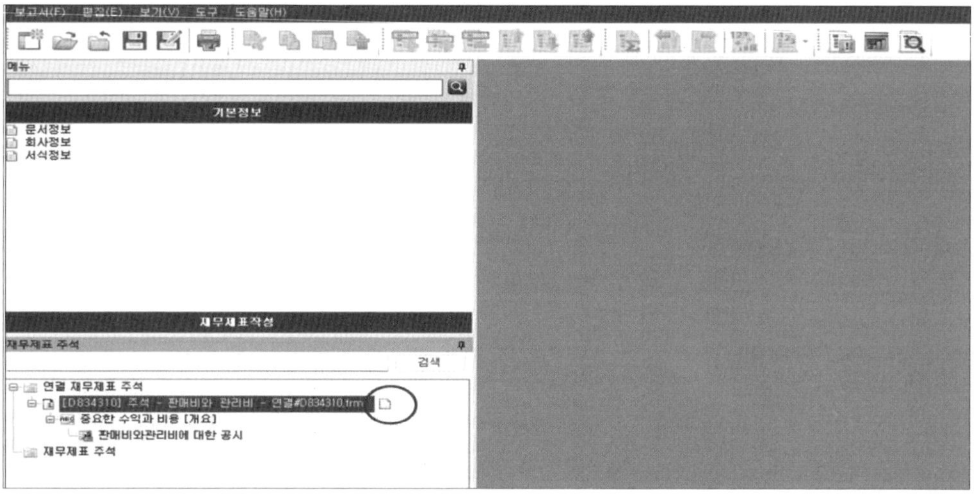

단위가 백만원인 것을 확인하고, 당기와 전기의 금액을 각각 입력하면 본 사례의 택사노미 빌딩과 태깅이 완료된 것이다.

〈당기 금액 입력〉

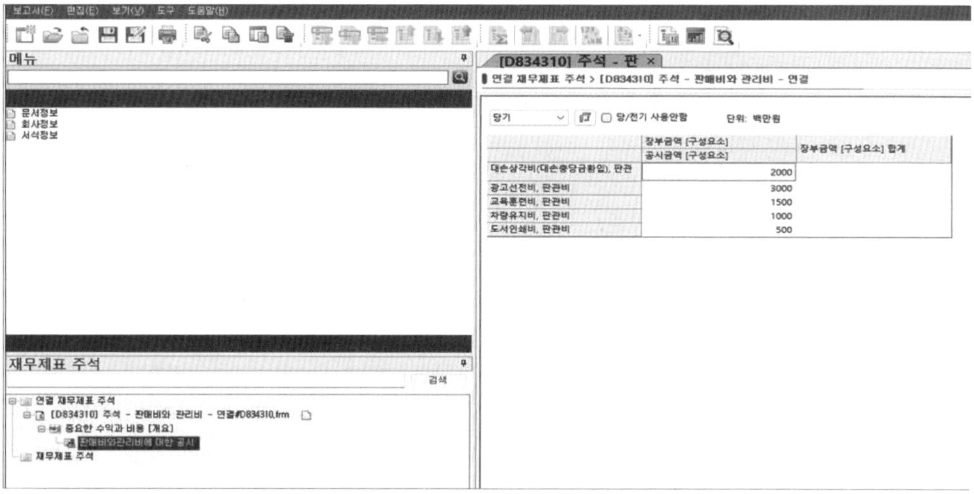

〈전기 금액 입력〉

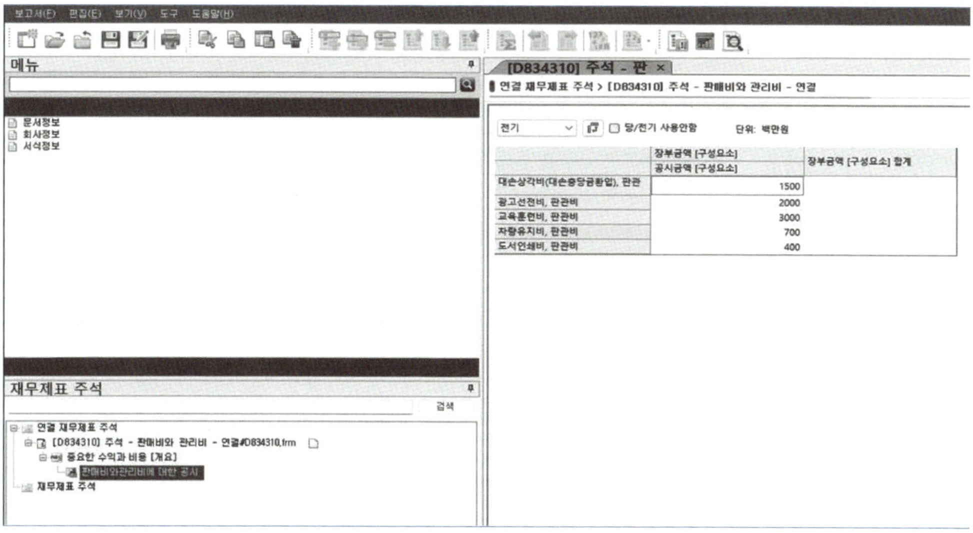

2. 신규 주석 추가

본사례는 표준 주석에 없는 기타 주석 공시를 가정하여 당기손익인식금융자산의 금액을 상장시장별로 구분하는 표를 생성해 보기로 한다.

(당기)

(단위:백만원)

구분	KOSPI	KOSDAQ	KONEX	합계
당기손익인식금융자산	30,000	20,000	10,000	60,000

(전기)

(단위:백만원)

구분	KOSPI	KOSDAQ	KONEX	합계
당기손익인식금융자산	40,000	20,000	30,000	90,000

1) 연결재무제표 주석 탭에서 우클릭하여 신규 주석 추가하기

연결재무제표 주석 탭에서 우클릭하여 신규주석을 추가한다.

〈우클릭하여 "신규주석 추가"를 선택〉

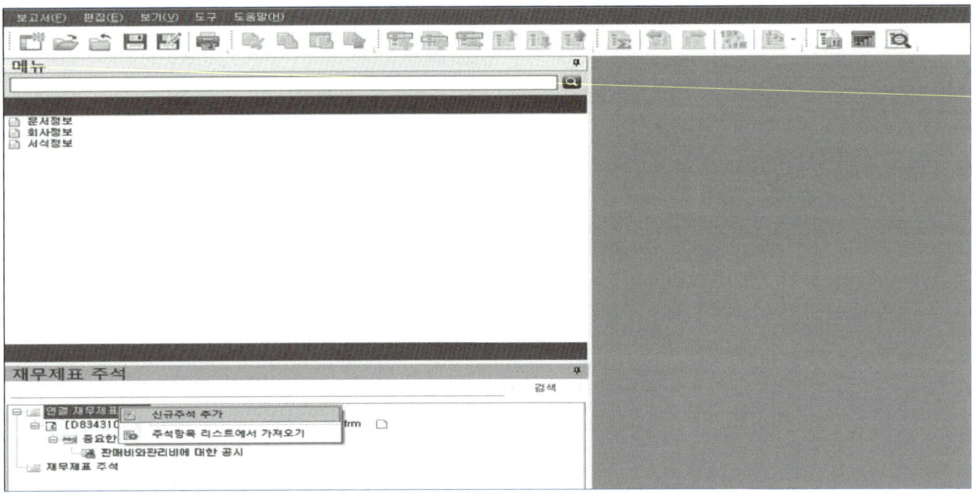

2) 주석 Role Type 정의하기

신규주석의 한글명과 영문명을 정의하여 신규 주석 Role Type을 정의한다. 본 사례에서는 학습목적으로 한글:"기타 주석 공시", 영문:"Other disclosure"로 명명하여 Role Type을 정의하기로 한다.

〈Role Type 정의〉

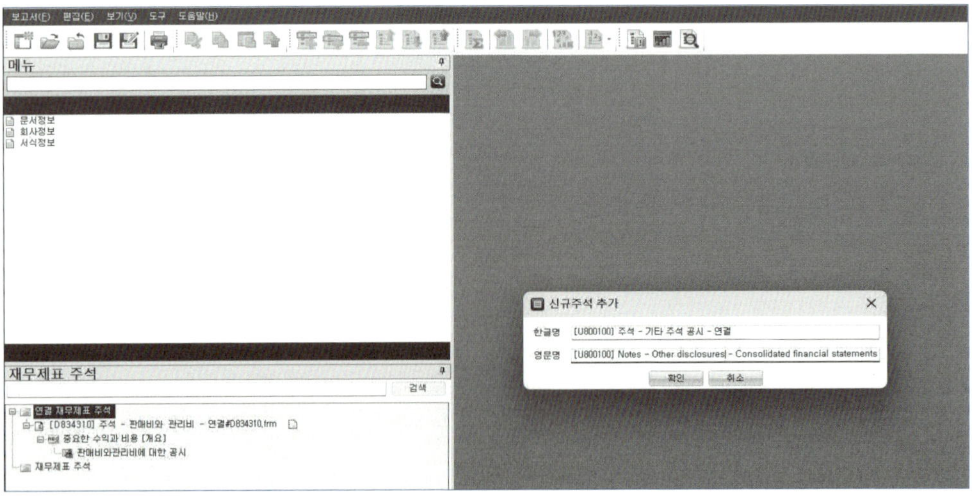

3) 표 상자 추가

생성된 "[U801000]주석-기타 주석 공시"를 선택하여 우클릭하여, "추가"를 선택하면, 글자, 숫자, 날짜, 표상자를 선택하여 추가할 수 있는데, 해당 주석의 속성에 따라 선택하면 된다, DB화 되는 사실이 표형태이면 표상자를 선택하면 된다. 이는 앞서 설명한 Dimension구조로 설계되는 속성이다.

〈표 상자 추가〉

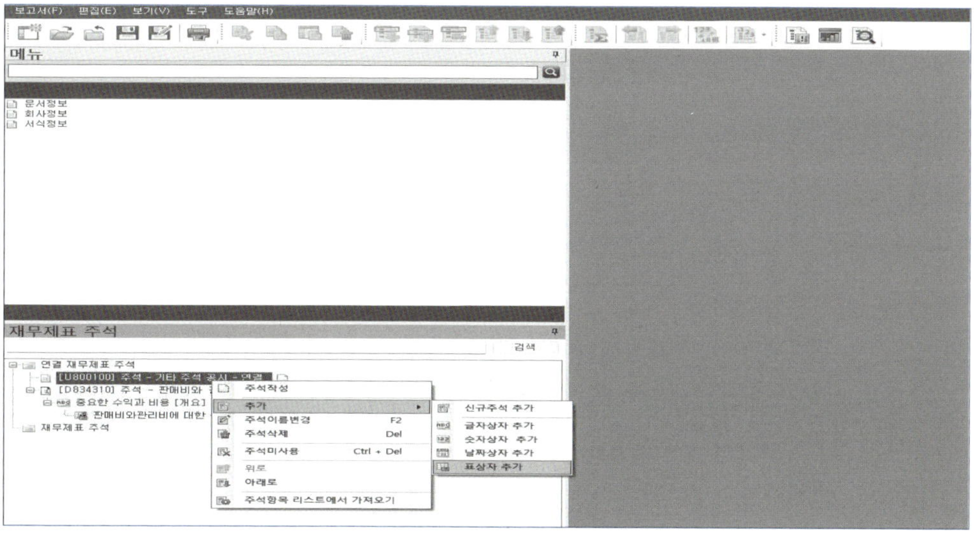

글자상자는 문장을 태깅할 수 있는 속성의 엘리먼트가 생성되며, 숫자상자는 숫자를 입력할 수 있는 속성의 엘리먼트가, 날짜상자는 날짜를 입력할 수 있는 속성의 엘리먼트가 생성된다.

4) 주석의 표 상세 요소 빌딩하기

표상자 추가를 선택하면, 앞선 설명 "1. 주석항목리스트에서 가져오기"에서와 같이 항목 상세속성 창이 팝업되는데, 다른 점은 한글과 영문명을 정의하여야 하는 것이다. 본 사례에서는 학습 목적 상 한글:"기타 주석 항목에 대한 공시", 영문:"Other Disclosure""로 정의하였다. 이는 반드시 입력해야 하는 데이터이며, 영문명을 입력하지 않으면 재무제표 검사 시 오류사항으로 경고한다. 해당 Element id를 보면, 마지막에 Table이 기재되어 있는 것을 확인할 수 있다. 앞의 entity12345678은 id의 prefix를 담당하고 있다.

〈한글과 영문명 table 정의 및 단위 설정〉

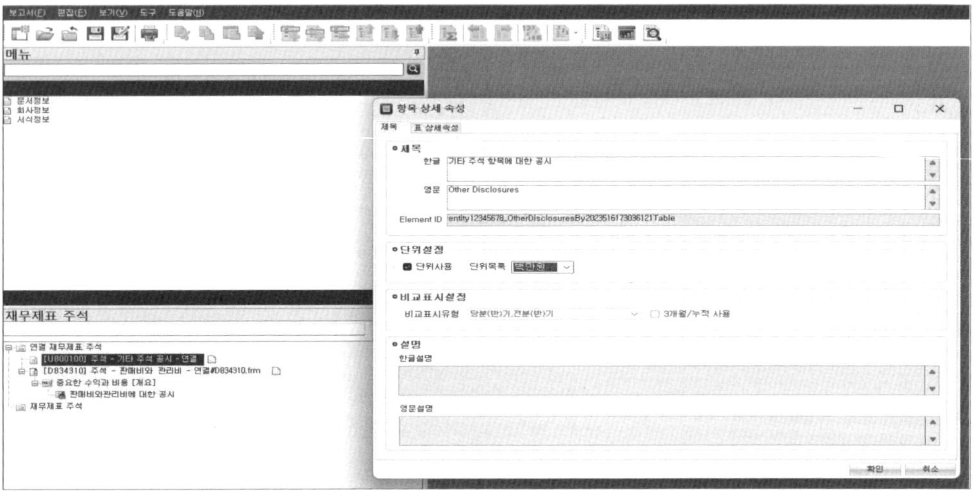

표 상세속성 탭을 선택하면 다음과 같이 행탭과 열탭에 "기타주석항목에 대한 공시"가 생성이 되어 있는 것을 확인할 수 있다. 이는 table을 구성할 수 있는 상태가 되었다는 것을 확인시켜 준다고 이해하면 될 것이다.

〈표 상세속성 탭 확인〉

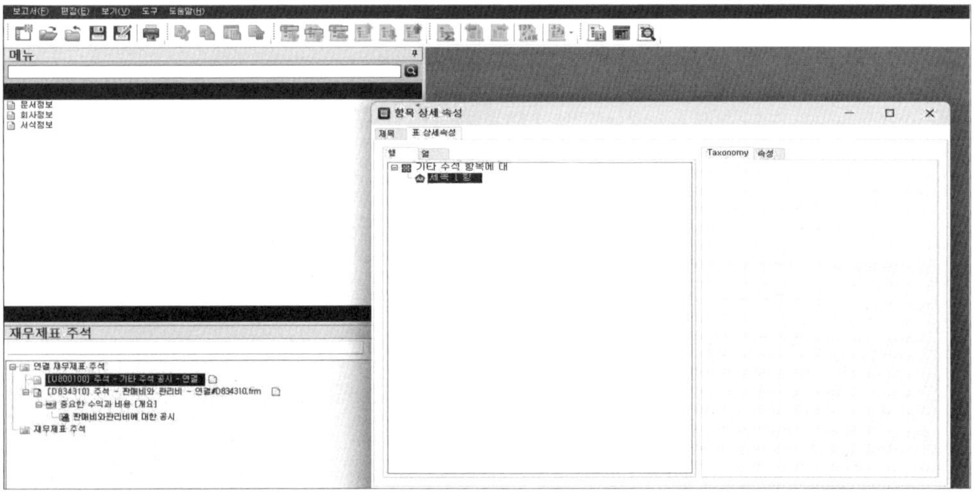

먼저 제목[항목]을 선택하고 우클릭하면 "Item(아이템) 추가"가 팝업되고, 검색기 열기를 클릭하면, 선택할 수 있는 리스트가 표시된다. 현재 XBRL편집기는 라인아이템 개요를 편집할 수는 없지만 향후 라인아이템 개요를 편집할 수 있게 될 경우 이를 편집하면 된다. 행탭에서는 라인아이템 개념을 선택하여 빌딩하게 된다.

〈제목[항목]을 선택하고 우클릭〉

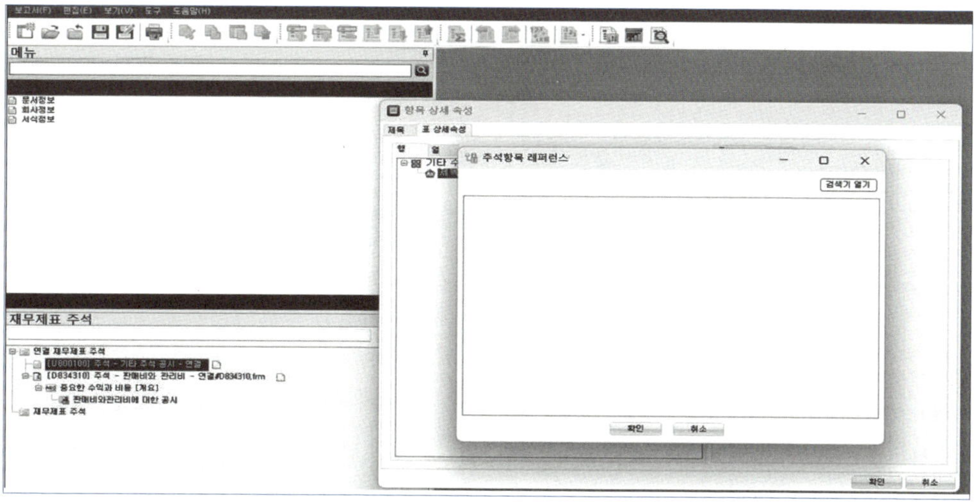

본 사례에서는 "당기손익인식금융자산"을 라인아이템으로 선택한다.

〈라인아이템 개념 검색〉

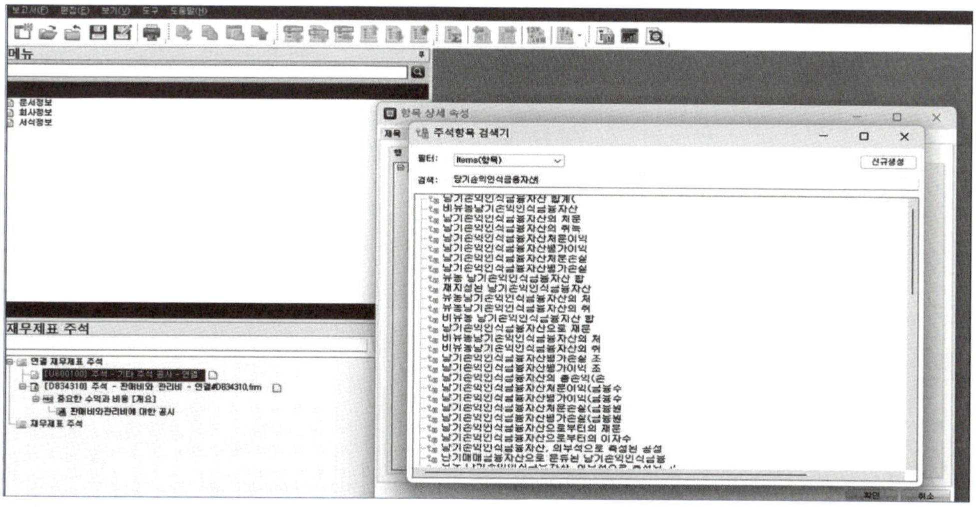

〈당기손익인식금융자산 선택〉

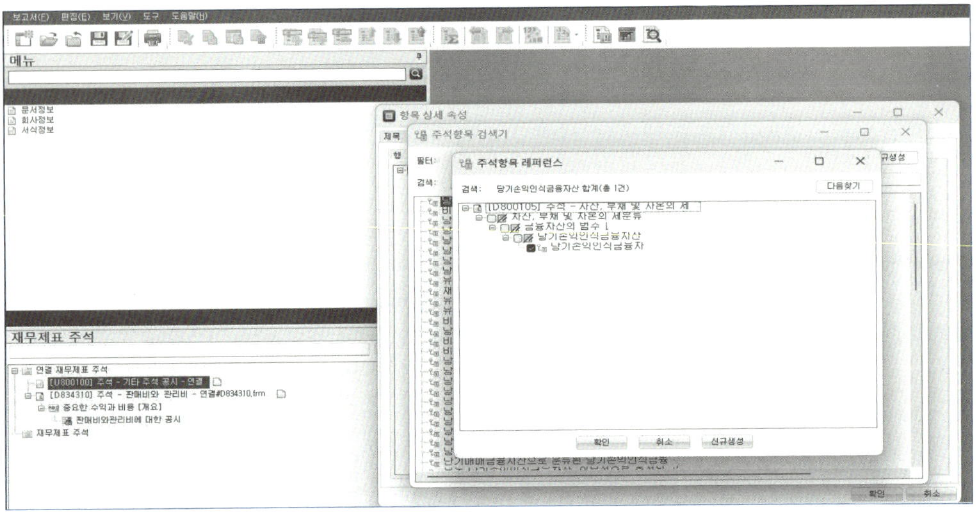

"축 추가"를 선택하면, 사용할 수 있는 축들이 제시되며, 신규생성도 가능하다. 신규생성을 클릭하면, 다음과 같이 "새아이템"으로 생성이 되는데, 한글명과 영문명을 정의해야 한다. 학습 목적상 "상장주식 시장(Classes of listed equity market)"을 축으로 하고, 유가증권시장(KOSPI), 코스닥시장(KOSDAQ), 코넥스시장(KONEX)을 구성요소(member)로 하고 도메인으로 "상장주식 시장"을 구성하면 다음과 같다.

〈상장시장 축 추가하기〉

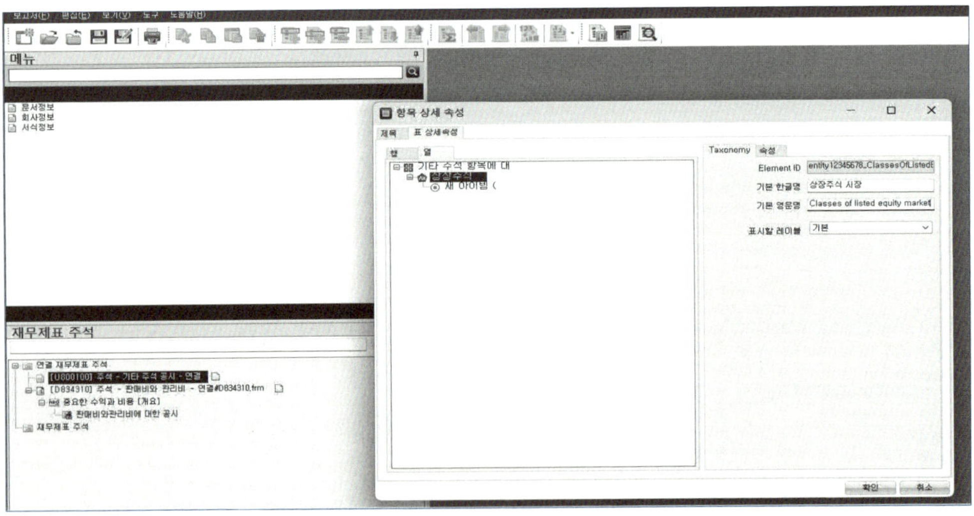

〈상장시장 도메인 추가하기〉

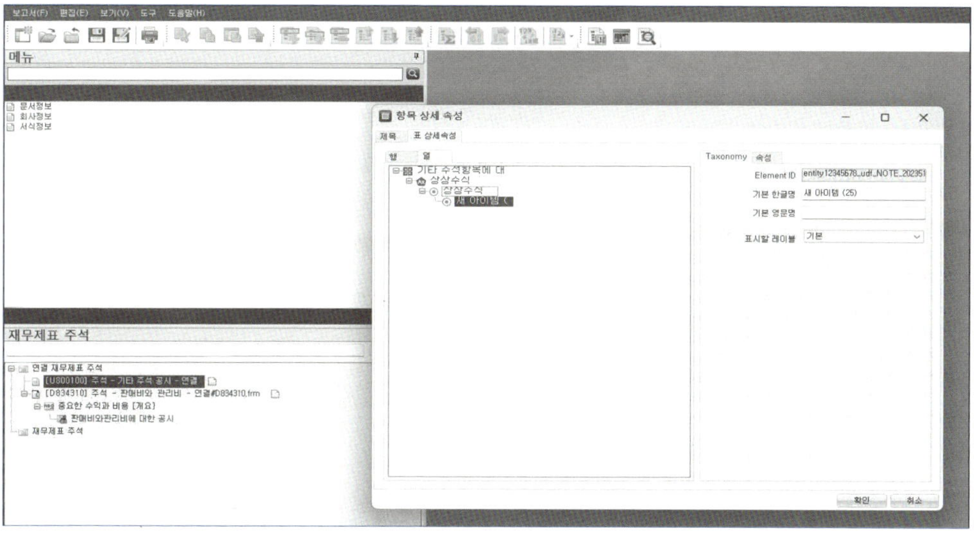

〈유가증권 멤버 추가하기〉

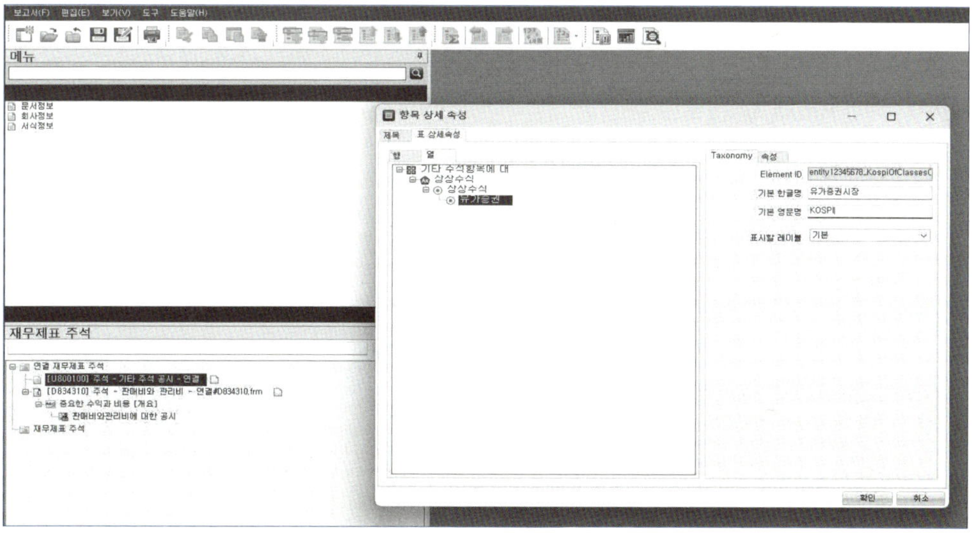

〈멤버 빌딩 완성하기〉

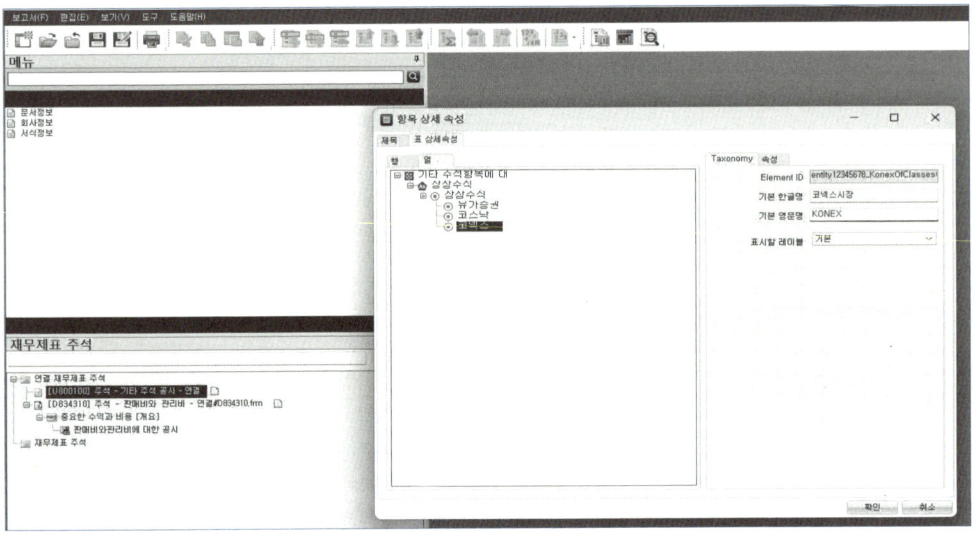

5) 값 입력하기

Dimension 택사노미 빌딩이 완성된 후, "[U800100]주석-기타 주석 공시-연결" role이 생성된 것을 알 수 있고 해당 role의 표를 클릭하면, 해당 Dimension이 표 형식으로 오른쪽 창에 표시된다.

〈입력창 생성하기〉

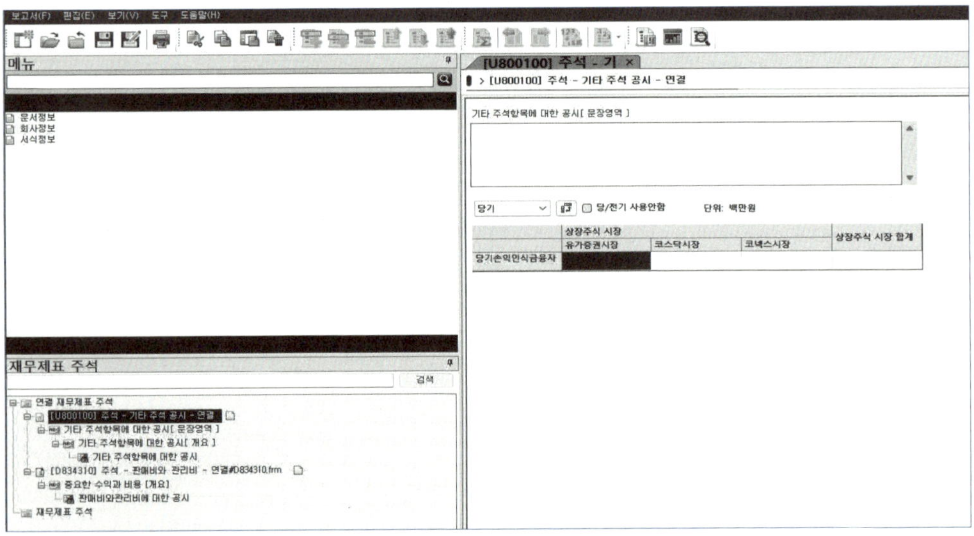

〈당기 값 입력하기〉

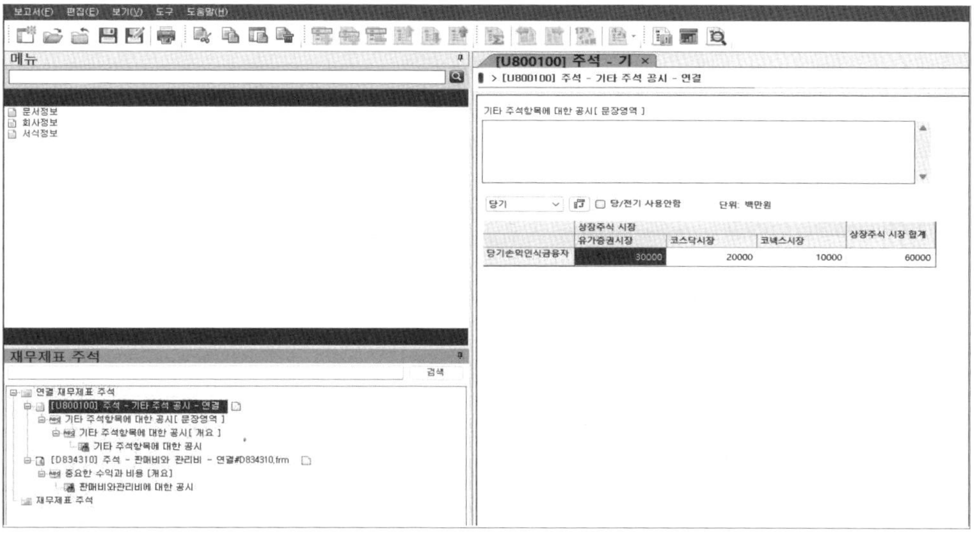

〈전기 값 입력하기〉

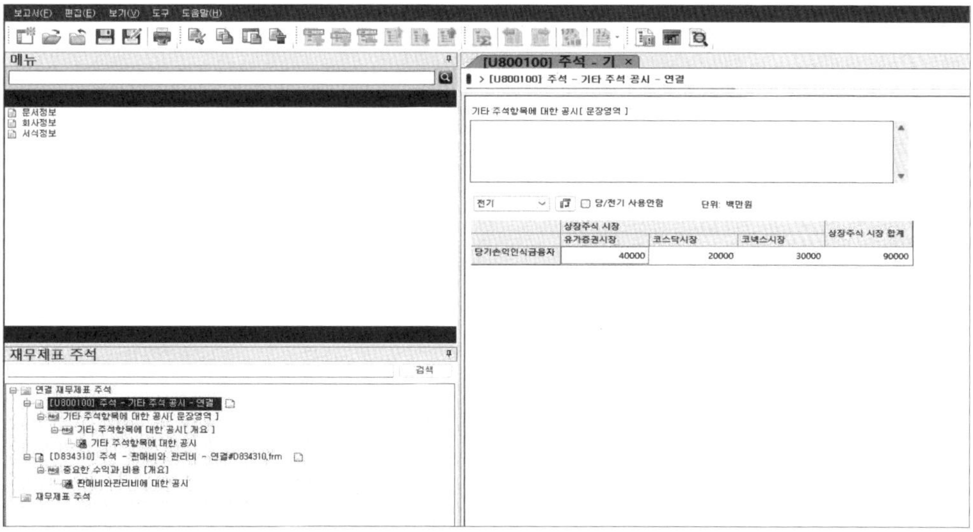

3. 기타 기능 소개

1) 주석 이름 변경

주석 리스트의 주석 이름을 포함해서 주석 이름을 변경하려면 변경하고 싶은 롤을 선택해서 우클릭하면 "주석이름 변경"이 나타난다. "주석이름 변경"을 클릭하면 "주석이름 변경" 창이 팝업되고 해당 창에서 주석이름을 변경하면 된다.

〈주석 이름 변경하기〉

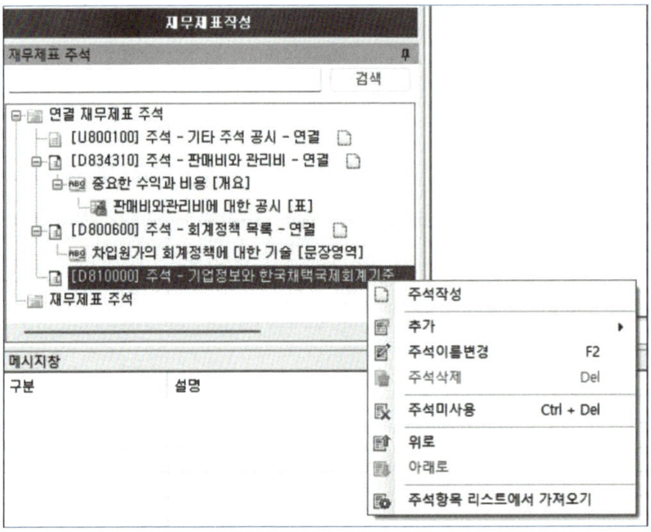

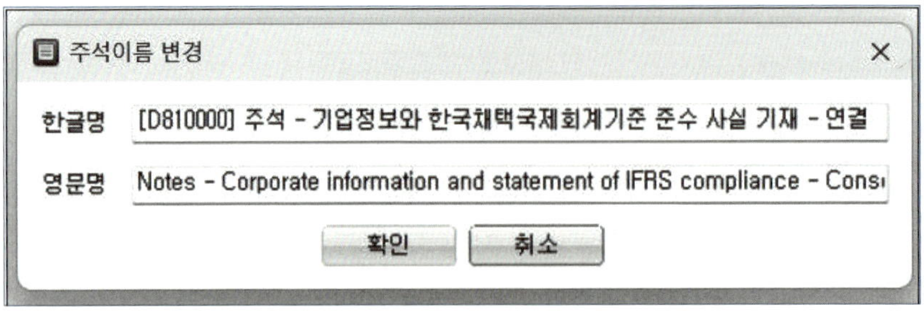

2) 주석 위치 이동

주석의 위치를 이동하려면 해당 주석 롤을 선택하여 우클릭하면 "위로", "아래로" 기능이 나온다. 이를 활용하면 주석의 위치를 이동시킬 수 있다.

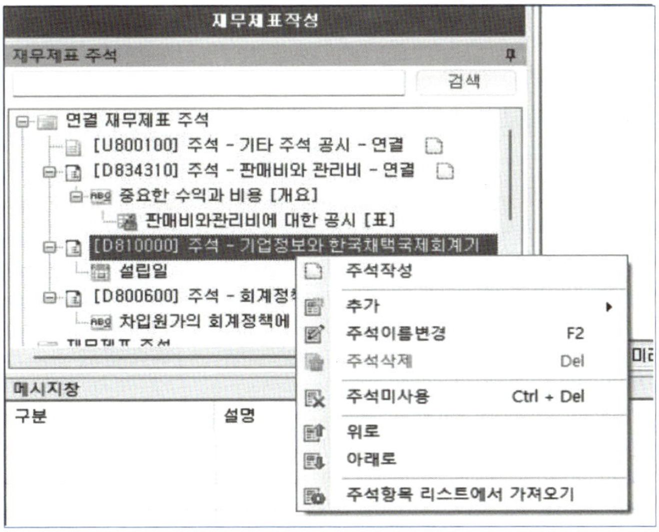

4장

dart taxonomy -주석 살펴보기

1. 주석(Role)
2. 표(Table)
3. 축과 도메인(Axis 및 Domain member)

DART 접수시스템(https://xbrlfiler.fss.or.kr/)의 자료실 또는 한국XBRL(http://xbrl.or.kr/) 자료실에서 최신 dart taxonomy 엑셀 파일을 활용하면 도움이 될 것이며, 본 가이드에서는 "dart_Taxonomy_20230502"를 바탕으로 설명한다.

1. 주석(Role)

dart taxonomy의 엘리먼트를 기반으로 사전에 주석별로 presentation linkbase를 구성하여 놓았는데, 해당 주석은 연결 기준 64[1]개이며 세부 내역은 다음과 같다. 참고로 리스트 순서는 주석 번호 순이다. "dart_Taxonomy_20230502"의 Presentation Linkbase를 보면 된다.

〈사전 정의되어 있는 주석 리스트〉

[D800100] 주석 - 자산, 부채 및 자본의 세분류 - 연결 | Notes - Subclassifications of assets, liabilities and equities - Consolidated financial statements
[D800200] 주석 - 수익과 비용 분석 - 연결 | Notes - Analysis of income and expense - Consolidated financial statements
[D800300] 주석 - 현금흐름표, 추가공시 - 연결 | Notes - Statement of cash flows, additional disclosures - Consolidated financial statements
[D800400] 주석 - 자본변동표, 추가공시 - 연결 | Notes - Statement of changes in equity, additional disclosures - Consolidated financial statements
[D800600] 주석 - 회계정책 목록 - 연결 | Notes - List of accounting policies - Consolidated financial statements
[D810000] 주석 - 기업정보와 한국채택국제회계기준 준수 사실 기재 - 연결 | Notes - Corporate information and statement of IFRS compliance - Consolidated financial statements

1 "[D800500] 주석 - 주석 목록 - 연결 | Notes - List of notes - Consolidated financial statements" 제외한 숫자

[D811000] 주석 - 회계정책, 회계추정의 변경 및 오류에 대한 공시 - 연결 | Notes - Accounting policies, changes in accounting estimates and errors - Consolidated financial statements

[D813000] 주석 - 중간재무보고 - 연결 | Notes - Interim financial reporting - Consolidated financial statements

[D815000] 주석 - 보고기간 후 사건 - 연결 | Notes - Events after reporting period - Consolidated financial statements

[D816000] 주석 - 초인플레이션 경제에서의 재무보고 - 연결 | Notes - Hyperinflationary reporting - Consolidated financial statements

[D817000] 주석 - 사업결합 - 연결 | Notes - Business combinations - Consolidated financial statements

[D818000] 주석 - 특수관계자 - 연결 | Notes - Related party - Consolidated financial statements

[D819100] 주석 - 최초채택 - 연결 | Notes - First time adoption - Consolidated financial statements

[D822100] 주석 - 유형자산 - 연결 | Notes - Property, plant and equipment - Consolidated financial statements

[D822200] 주석 - 탐사평가자산 - 연결 | Notes - Exploration for and evaluation of mineral resources - Consolidated financial statements

[D822300] 주석 - 기타자산 - 연결 | Notes - Other assets - Consolidated financial statements

[D822310] 주석 - 기타부채 - 연결 | Notes - Other liabilities - Consolidated financial statements

[D822390] 주석 - 금융상품 - 연결 | Notes - Financial instruments - Consolidated financial statements

[D822400] 주석 - 차입금 - 연결 | Notes - Borrowings - Consolidated financial statements

[D822410] 주석 - 현금및현금성자산 - 연결 | Notes - Cash and cash equivalents - Consolidated financial statements

[D822420] 주석 - 매출채권 및 기타채권 - 연결 | Notes - Trade and other receivables - Consolidated financial statements

[D822430] 주석 - 범주별 금융상품 - 연결 | Notes - Financial instruments by category - Consolidated financial statements

[D822440] 주석 - 금융자산의 양도 - 연결 | Notes - Transfers Of Financial Assets - Consolidated financial statements

[D822450] 주석 - 사채 - 연결 | Notes - Bonds - Consolidated financial statements

[D822460] 주석 - 매입채무 및 기타채무 - 연결 | Notes - Trade and other payables - Consolidated financial statements

[D822470] 주석 - 사용이 제한된 금융자산 - 연결 | Notes - Restricted financial assets - Consolidated financial statements

[D822480] 주석 - 기타채권 - 연결 | Notes - Non-trade receivables - Consolidated financial statements

[D822490] 주석 - 기타채무 - 연결 | Notes - Non-trade Payables - Consolidated financial statements

[D823000] 주석 - 공정가치측정 - 연결 | Notes - Fair value measurement - Consolidated financial statements

[D823180] 주석 - 무형자산 - 연결 | Notes - Intangible assets - Consolidated financial statements

[D824180] 주석 - 농림어업 - 연결 | Notes - Agriculture - Consolidated financial statements

[D824500] 주석 - 규제이연계정 - 연결 | Regulatory deferral accounts - Consolidated financial statements

[D825100] 주석 - 투자부동산 - 연결 | Notes - Investment property - Consolidated financial statements

[D825480] 주석 - 별도재무제표 - 연결 | Notes - Separate financial statements - Consolidated financial statements

[D825700] 주석 - 타 기업에 대한 지분의 공시 - 연결 | Notes - Interests in other entities - Consolidated financial statements

[D825900] 주석 - 매각예정비유동자산과 중단영업 - 연결 | Notes - Non-current asset held for sale and discontinued operations - Consolidated financial statements

[D826380] 주석 - 재고자산 - 연결 | Notes - Inventories - Consolidated financial statements

[D827570] 주석 - 기타충당부채, 우발부채 및 우발자산에 대한 주석 - 연결 | Notes - Other provisions, contingent liabilities and contingent assets - Consolidated financial statements

[D831150] 주석 - 고객과의 계약에서 생기는 수익 - 연결 | Notes - Revenue from contracts with customers - Consolidated financial statements

[D831400] 주석 - 정부보조금 - 연결 | Notes - Government grants - Consolidated financial statements

[D832410] 주석 - 자산손상 - 연결 | Notes - Impairment of assets - Consolidated financial statements

[D832610] 주석 - 리스 - 연결 | Notes - Leases - Consolidated financial statements

[D832900] 주석 - 민간투자사업 - 연결 | Notes - Service concession arrangements - Consolidated financial statements

[D834120] 주석 - 주식기준보상 - 연결 | Notes - Share-based payment arrangements - Consolidated financial statements

[D834300] 주석 - 비용의 성격별 분류 - 연결 | Notes - Expenses by nature - Consolidated financial statements

[D834310] 주석 - 판매비와 관리비 - 연결 | Notes - Selling, general and administrative expense - Consolidated financial statements

[D834320] 주석 - 기타수익과 기타비용 - 연결 | Notes - Other income and expense - Consolidated financial statements

[D834330] 주석 - 금융수익과 금융비용 - 연결 | Notes - Finance income and expense - Consolidated financial statements

[D834480] 주석 - 종업원급여 - 연결 | Notes - Employee benefits - Consolidated financial statements

[D835110] 주석 - 법인세 - 연결 | Notes - Income taxes - Consolidated financial statements

[D836200] 주석 - 차입원가 - 연결 | Notes - Borrowing costs - Consolidated financial statements

[D836500] 주석 - 보험계약 - 연결 | Notes - Insurance contracts - Consolidated financial statements

[D836600] 주석 - 보험계약 (IFRS 17) - 연결 | Notes - Insurance contracts (IFRS 17) - Consolidated financial statements

[D838000] 주석 - 주당이익 - 연결 | Notes - Earnings per share - Consolidated financial statements

[D842000] 주석 - 환율변동효과 - 연결 | Notes - Effects of changes in foreign exchange rates - Consolidated financial statements

[D851100] 주석 - 현금흐름표 - 연결 | Notes - Cash flow statement - Consolidated financial statements

[D861000] 주석 - 기타포괄손익의 항목별 분석 - 연결 | Notes - Analysis of other comprehensive income by item - Consolidated financial statements

[D861200] 주석 - 자본금, 적립금, 기타지분 - 연결 | Notes - Share capital, reserves and other equity interest - Consolidated financial statements

[D861300] 주석 - 이익잉여금 처분계산서 - 연결 | Notes - Statement of Appropriation of Retained Earnings - Consolidated financial statements

[D861400] 주석 - 기타자본구성요소 - 연결 | Notes - Other Elements Of Stockholder's Equity - Consolidated financial statements

[D868200] 주석 - 사후처리, 복구, 정화를 위한 기금에서 발생한 지분에 대한 권리 - 연결 | Notes - Rights to interests arising from decommissioning, restoration and environmental rehabilitation funds - Consolidated financial statements

[D868500] 주석 - 조합원 지분과 유사지분 - 연결 | Notes - Members' shares in co-operative entities and similar instruments - Consolidated financial statements

[D871100] 주석 - 영업부문 - 연결 | Notes - Operating segments - Consolidated financial statements

[D880000] 주석 - 추가정보 - 연결 | Notes - Additional information - Consolidated financial statements

XBRL 편집기를 이용하여 디테일 태깅하려는 내용의 표준 요소(element)를 검색해 본 후 해당 표준 요소(element)가 포함된 표준 주석을 활용하여 주석을 만들면 보다 효율적일 것이다. 예를 들어 아래의 "차입원가 회계정책"을 태깅하려고 한다면, 먼저 표준 주석에 해당하는 주석이 있는지 먼저 살펴본다.

> (5) 차입원가
>
> 적격자산의 취득, 건설 또는 제조와 직접 관련된 차입원가는 당해 자산 원가의 일부로 자본화하고 있으며, 기타차입원가는 발생기간에 비용으로 인식하고 있습니다. 적격자산이란 의도된 용도로 사용하거나 판매가능한 상태가 될 때까지 상당한 기간을 필요로 하는 자산을 말하며, 금융자산과 단기간 내에 제조되거나 다른 방법으로 생산되는 재고자산은 적격자산에 해당되지 아니하며, 취득 시점에 의도된 용도로 사용할 수 있거나 판매가능한 상태에 있는 자산인 경우에도 적격자산에 해당되지 아니합니다.
>
> 적격자산을 취득하기 위한 목적으로 특정하여 차입한 자금에 한하여, 보고기간 동안 그 차입금으로부터 실제 발생한 차입원가에서 당해 차입금의 일시적 운용에서 생긴 투자수익을 차감한 금액을 자본화가능차입원가로 결정하며, 일반적인 목적으로 자금을 차입하고 이를 적격자산의 취득을 위해 사용하는 경우에 한하여 당해 자산 관련 지출액에 자본화이자율을 적용하는 방식으로 자본화가능차입원가를 결정하고 있습니다. 자본화이자율은 보고기간 동안 차입한 자금(적격자산을 취득하기 위해 특정 목적으로 차입한 자금 제외)으로부터 발생된 차입원가를 가중평균하여 산정하고 있습니다. 보고기간 동안 자본화한 차입원가는 당해 기간 동안 실제 발생한 차입원가를 초과할 수 없습니다.

"dart_Taxonomy_20230502" 엑셀에서 차입원가를 검색하면, "차입원가의 회계정책에 대한 기술 [문장영역]"의 표준 요소(element)가 검색되고 해당 주석 롤은 "[D800600] 주석 - 회계정책 목록 - 연결"임을 알 수 있다.

〈dart_Taxonomy_20230502엑셀에서 검색〉

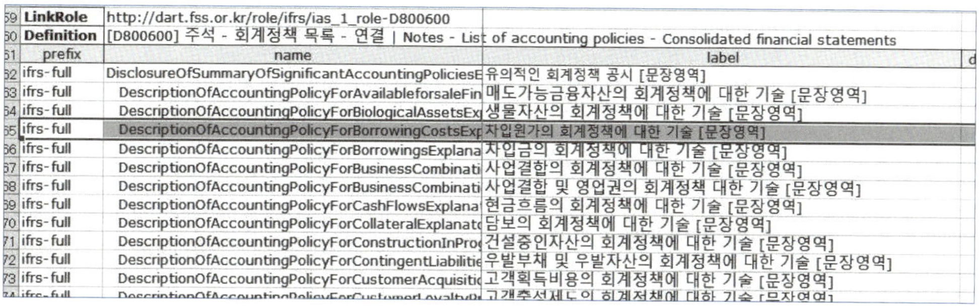

59	LinkRole	http://dart.fss.or.kr/role/ifrs/ias_1_role-D800600	
60	Definition	[D800600] 주석 - 회계정책 목록 - 연결 | Notes - List of accounting policies - Consolidated financial statements	
61	prefix	name	label
62	ifrs-full	DisclosureOfSummaryOfSignificantAccountingPoliciesE	유의적인 회계정책 공시 [문장영역]
63	ifrs-full	DescriptionOfAccountingPolicyForAvailableforsaleFin	매도가능금융자산의 회계정책에 대한 기술 [문장영역]
64	ifrs-full	DescriptionOfAccountingPolicyForBiologicalAssetsEx	생물자산의 회계정책에 대한 기술 [문장영역]
65	ifrs-full	DescriptionOfAccountingPolicyForBorrowingCostsExp	차입원가의 회계정책에 대한 기술 [문장영역]
66	ifrs-full	DescriptionOfAccountingPolicyForBorrowingsExplana	차입금의 회계정책에 대한 기술 [문장영역]
67	ifrs-full	DescriptionOfAccountingPolicyForBusinessCombinati	사업결합의 회계정책에 대한 기술 [문장영역]
68	ifrs-full	DescriptionOfAccountingPolicyForBusinessCombinati	사업결합 및 영업권의 회계정책 대한 기술 [문장영역]
69	ifrs-full	DescriptionOfAccountingPolicyForCashFlowsExplana	현금흐름의 회계정책에 대한 기술 [문장영역]
70	ifrs-full	DescriptionOfAccountingPolicyForCollateralExplanat	담보의 회계정책에 대한 기술 [문장영역]
71	ifrs-full	DescriptionOfAccountingPolicyForConstructionInPro	건설중인자산의 회계정책에 대한 기술 [문장영역]
72	ifrs-full	DescriptionOfAccountingPolicyForContingentLiabilitie	우발부채 및 우발자산의 회계정책에 대한 기술 [문장영역]
73	ifrs-full	DescriptionOfAccountingPolicyForCustomerAcquisitio	고객획득비용의 회계정책에 대한 기술 [문장영역]

따라서 "주석항목리스트에서 가져오기" 방법을 사용하여 해당 롤을 생성하고 엘리먼트를 빌딩하면 내용을 태깅할 수 있다.

연결재무제표 주석에서 우클릭하면 "주석항목리스트"가 팝업되는데, "[D800600] 주석 - 회계정책 목록 - 연결"을 클릭 후 확인하면 해당롤이 생성이 된다.

〈[D800600] 주석 – 회계정책 목록 – 연결 검색〉

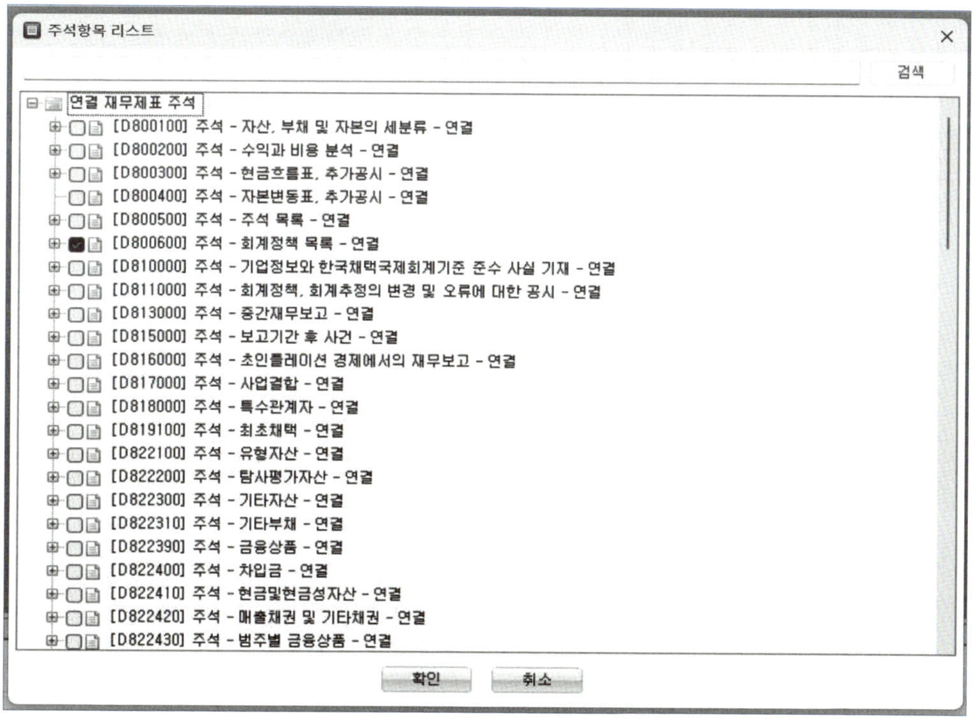

4

dart taxonomy-주석 살펴보기

〈[D800600] 주석 – 회계정책 목록 롤 생성〉

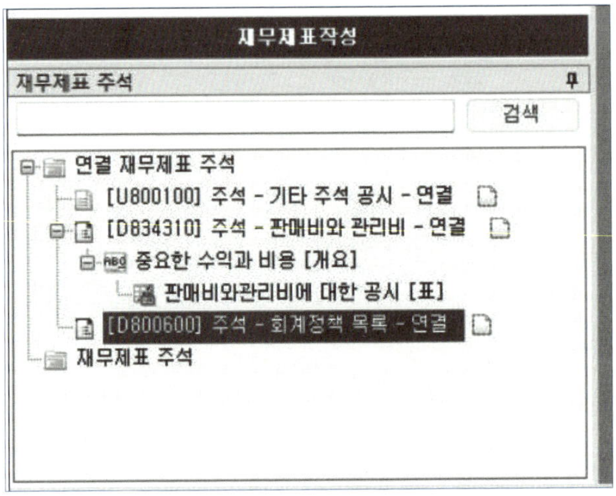

이후 해당롤을 우클릭하여 "주석항목리스테에서 가져오기"를 하면 해당 롤의 라인아이템을 확인할 수 있다.

〈차입원가의 회계정책에 대한 기술 선택〉

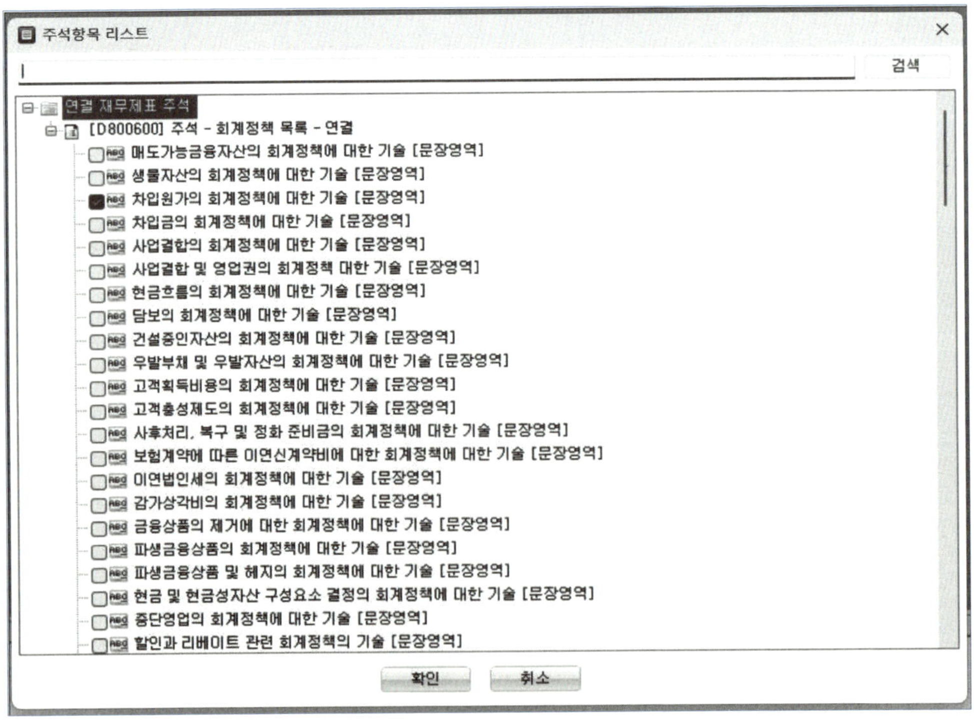

〈차입원가의 회계정책에 대한 기술 [문장영역] 빌딩〉

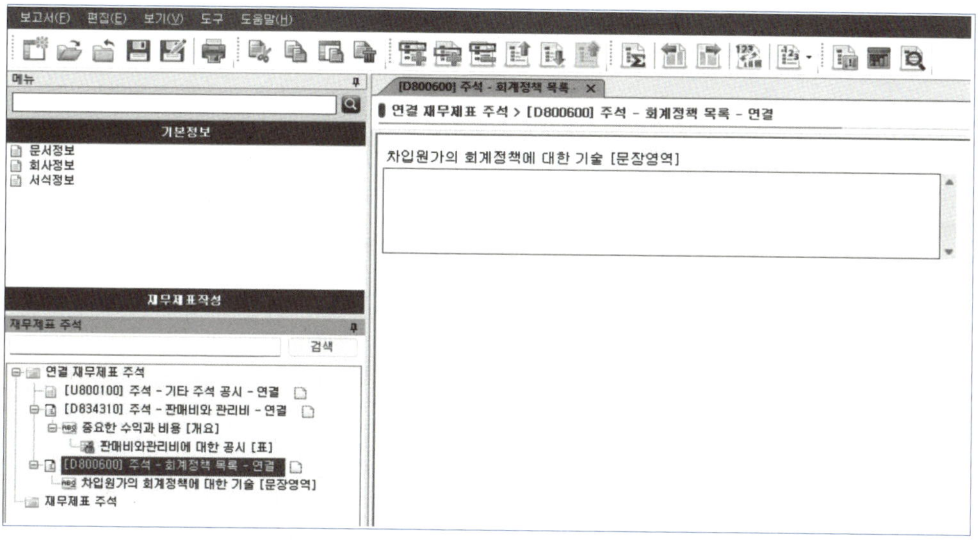

〈"차입원가 회계정책" 태깅하기〉

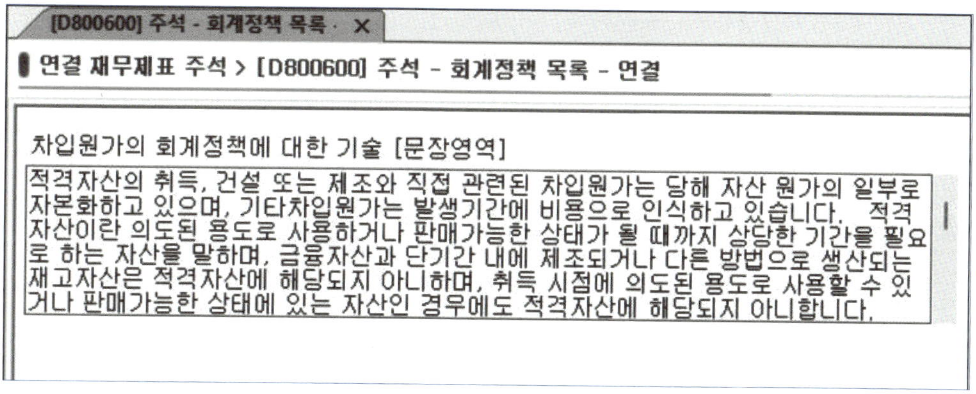

이와 같이 각 롤에 주석의 내용을 태깅할 수 있는 엘리먼트를 매핑하는 것이 제일 먼저 이루어져야 하며, 매핑이 완성되면 XBRL 편집기에 빌딩 및 태깅하면 되는 것이다. 이 경우 태깅할 수 있는 표준 엘리먼트가 없다면 확장해야 할 것이다.

2. 표(Table)

표를 구성할 수 있는 Table 요소는 총 197개이다. 해당 내용은 개수가 많아 본 가이드에는 수록하지 않는다. 다만, 해당 Table은 주석 표를 구성할 때 먼저 검색해 보아야 하는 요소이므로 별도로 dart taxonomy를 살펴보기를 권장한다.

참고로 XBRL 편집기에서는 각 롤에 default로 빌딩되는 Dimension구조가 있는데, XBRL 편집기에서는 별도로 나타나지는 않지만, 향후 상용XBRL편집기에서 작성한 XBRL 파일을 import하는 기능을 개발 중에 있으므로 상용XBRL편집기를 이용할 경우에는 반드시 빌딩해야 한다. 해당 Dimension 구조는 다음과 같다.

prefix	name	label
dart	ConsolidatedAndSeparateFinancialStatementsTable	연결 또는 별도 재무제표 [table]
ifrs-full	ConsolidatedAndSeparateFinancialStatementsAxis	연결재무제표와 별도재무제표 [축]
dart	ConsolidatedAndSeparateFinancialStatementsDomain	연결 또는 별도 재무제표 [domain]
ifrs-full	ConsolidatedMember	연결재무제표 [구성요소]

3. 축과 도메인(Axis 및 Domain member)

축 요소는 총 141개이다. 해당 내용은 개수가 많아 본 가이드에는 수록하지 않는다. 다만, 해당 축은 Dimension을 구성할 때 분화하는 "구분"이 되므로 별도로 dart taxonomy를 살펴보기를 권장한다.

참고로 자주 사용되는 축을 간략히 설명하기로 한다.

1) ActuarialAssumptionsAxis(보험수리적 가정 [축])

└ ActuarialAssumptionsMember

할인율, 미래임금상승률, 의료원가추세율 등 보험수리적 가정을 멤버로 구성하여야 할 때 사용

[사례]

(단위: 백만원)		
구분		확정급여채무
할인율	1% 상승	(178,526)
	1% 하락	211,370
임금인상률	1% 상승	220,949
	1% 하락	(188,732)

2) AssetsAndLiabilitiesAxis(자산과 부채 [축])

└ AssetsAndLiabilitiesMember

하위의 자산과 부채 계정과목을 멤버로 구성하여야 할 때 사용

[사례]

< 당기 >

구 분	기초금액	손익계산서	기타포괄손익	기말금액
이연법인세부채				
퇴직연금부담금	(20,189)	1,425	102	(18,662)
보증금 - 선급비용	(3,863)	(2,398)	-	(6,261)
미수이자	(2,122)	(5,074)	-	(7,196)
현재가치할인차금	(1,197)	132	-	(1,065)
리스자산	(9,595)	(11,674)	-	(21,269)
기타	(7,923)	(4,494)	-	(12,417)
소 계	(44,889)	(22,083)	102	(66,870)
이연법인세자산				
하자보수충당금전입	86,925	366	-	87,291
대손충당금한도초과	71,031	(12,610)	-	58,421

4 dart taxonomy-주석 살펴보기

관련하여 계정과목 분류에 사용되는 축은 다음과 같습니다.

ClassesOfAssetsAxis	자산의 분류 [축]
ClassesOfFinancialAssetsAxis	금융자산의 종류 [축]
ClassesOfFinancialInstrumentsAxis	금융상품의 종류 [축]
ClassesOfFinancialLiabilitiesAxis	금융부채의 종류 [축]
ClassesOfIntangibleAssetsAndGoodwillAxis	무형자산 및 영업권의 분류 [축]
ClassesOfIntangibleAssetsOtherThanGoodwillAxis	영업권 이외의 무형자산의 분류 [축]
ClassesOfPropertyPlantAndEquipmentAxis	유형자산의 분류 [축]
TypesOfInvestmentPropertyAxis	투자부동산 유형 [축]
ClassesOfProvisionsAxis	기타충당부채의 분류 [축]
ClassesOfShareCapitalAxis	주식의 종류 [축]
ComponentsOfEquityAxis	자본의 구성요소 [축]

3) BorrowingsByNameAxis(차입금명칭 [축])
└ AssetsAndLiabilitiesMember

차입금을 분류하여 차입금별로 이자율 등을 공시하는 경우 사용. 멤버가 구체적으로 구분되기 어려울 경우에는 숫자를 붙여 구분할 수도 있겠다. (예:시설자금1, 시설자금2)

1) 원화장기차입금

(단위: 천원)

차입금 종류	차입처	이자율 (%)	당기말		전기말		상환방법
			유동	비유동	유동	비유동	
가스안전기금(주1)	KB국민은행	2.50	223,000	784,800	145,200	1,007,800	3년거치 5년 분할상환
도시가스배관기금(주1)	KB국민은행	2.50	295,525	3,522,500	65,975	3,818,025	5년거치 10년 분할상환
천연가스시설자금(CNG)(주1)	KB국민은행	3.73	193,600	435,600	193,600	580,800	5년거치 10년 분할상환
도시가스배관기금	신한은행	2.50	146,800	1,247,800	73,400	1,394,600	5년거치 10년 분할상환
인천시기금	신한은행	1.80	464,000	3,172,000	425,000	2,697,000	3년거치 5년 분할상환
가스안전기금	KEB하나은행	2.50	248,400	154,800	347,200	403,200	3년거치 5년 분할상환
도시가스배관기금	KEB하나은행	2.50	2,941,780	20,094,405	2,941,780	23,036,585	5년거치 10년 분할상환
시설자금	NH농협은행	5.37, 5.52	10,000,000	10,000,000	-	13,406,540	3년만기 일시상환
운영자금(주2)	신한은행	3.36	1,550,000	-	-	1,550,000	3년만기 일시상환
시설자금(주2)	KDB산업은행	2.27	4,968,000	6,348,000	2,484,000	11,316,000	3년만기 일시상환
에너지시설기금(ESCO)	신한은행	2.75	243,680	1,096,560	243,680	1,340,240	3년거치 7년 분할상환

4) CarryingAmountAccumulatedDepreciationAmortisationAndImpairmentAndGrossCarryingAmountAxis(장부금액, 감가상각누계액, 상각누계액 및 손상차손누계액 및 총장부금액 [축])
└ CarryingAmountMember

총장부금액과 차감금액(Stock)을 구분하여 변동분을 표시할 때 쓰이는 축으로 변동내역을 표시할 때 자주 쓰이는 축이다.

다음은 무형자산의 주석인데, 일반적으로 무형자산의 하위 계정과목(사례에서 개발비~기타의 무형자산)별로 총장부금액과 차감금액(Stock)을 분화시키고(주석 가), 이후에 장부금액(또는 총장부금액과 차감금액)의 변동을 보여주는 표(주석 나)를 추가한다. 일반적으로 XBRL 주석 작성 시에는 이 두표를 합치는데, 기초에서 기말로 Stock 정보가 변동하는 정보(주석 나)와 총장부금액과 차감금액(Stock)을 분화시킨 정보(주석 가)의 장부금액이 서로 같기 때문이다.(사례에서는 12,578백만원). 이는 라인아이템 개념이 동일한 것이 되기 때문에 동일한 라인아이템 개념을 반복시켜 가며 인스턴스를 구성하지 않고 두 개의 표를 합하게 된다. 이 경우 각 하위계정과목(사례에서 개발비~기타의 무형자산)은 구성요소(member)가 되어서 맨 상위의 열을 구성하게 된다. 이 때의 축은 "ClassesOfIntangibleAssetsOtherThanGoodwillAxis"이다. 이처럼 계정과목이 구성요소로 열을 구성하게 되는 경우에는 해당 계정과목을 분류하는 축을 검색하면 된다.

가. 당기말과 전기말 현재 무형자산의 내역은 다음과 같습니다(단위:백만원).

구 분	당기말			전기말		
	원가	상각누계액	장부금액	원가	상각누계액	장부금액
개발비	2,557	(1,918)	639	2,557	(1,414)	1,143
산업재산권	162	(113)	49	159	(81)	78
시설물이용권	4,522	-	4,522	4,522	-	4,522
기타의무형자산	12,471	(5,103)	7,368	8,184	(2,999)	5,185
합 계	19,712	(7,134)	12,578	15,422	(4,494)	10,928

나. 당기와 전기 중 무형자산의 변동내역은 다음과 같습니다(단위:백만원).

< 당기 >

구 분	기초	취득	처분	상각	기말
개발비	1,143	-	-	(504)	639
산업재산권	77	4	-	(32)	49
시설물이용권	4,522	-	-	-	4,522
기타의무형자산	5,186	4,286	-	(2,104)	7,368
합 계	10,928	4,290	-	(2,640)	12,578

5) CategoriesOfFinancialAssetsAxis, CategoriesOfFinancialLiabilitiesAxis(금융자산(부채)의 범주 [축]
└ FinancialAssetsCategoryMember, FinancialLiabilitiesCategoryMember

금융자산과 금융부채를 범주(당기손익인식, 상각후 원가 측정 등)별로 분류하여 주석을 작성할 때 사용한다. 꼭 예시된 범주만으로 분류하는 것은 아니며, 금융자산과 금융부채를 분화시켜 열을 생성하여야 할 때 활용하면 된다.

당기 중 재무활동에서 생기는 부채의 변동은 다음과 같습니다.

(단위: 백만원)

구분	당기초	재무활동 현금흐름	비현금거래 등				당기말
			유동성대체	환율변동	이자비용	기타	
단기차입금	613,733	1,922,283	-	42,536	-	-	2,578,552
유동성장기부채(*)	3,393,506	(4,209,915)	3,626,345	251,645	11,550	(217,566)	2,855,565
장기차입금	7,660,591	4,165,508	(3,318,143)	(78,321)	-	(4,440)	8,425,195
사채	995,976	443,230	(308,202)	-	1,094	-	1,132,098
리스부채	84,326	(82,296)	-	(1,806)	-	72,564	72,788
미지급배당금	3,679	(292,786)	-	-	-	289,107	-
합계	12,751,811	1,946,024	-	214,054	12,644	139,665	15,064,198

이 때 계정과목을 라인아이템 개념으로 행으로 위치시키지 않고 열로 올리는 이유는 기초에서 기말까지의 각 계정과목별 변동 내역을 라인아이템으로 하여야 하기 때문이다. 이와 같이 변동이 라인아이템 개념이 될 경우에는 계정과목이 구성요소(member)가 된다.

6) CategoriesOfRelatedPartiesAxis(특수관계자의 범주 [축])
└ EntitysTotalForRelatedPartiesMember

지배, 종속, 관계기업 등 특수관계자의 열을 구성할 때 사용한다. 하위의 특수관계자 명별로 열을 구성하여야 하므로 이 때는 각 구성요소(member)하위로 구성요소를 parent-child 관계로 구성해 주면 된다.

< 당기 >

구 분	특수관계자명	매출 등		매입 등(*)	
		매출	기타	매입	기타
지배기업	에이치디씨(주)	-	202	32	5,915
관계기업	에이치디씨리조트(주)	1,101	1	30,098	524
	(주)고척아이파크대한뉴스테이위탁관리부동산투자회사	132,427	-	1,142	-
	(주)광명문화관광복합단지자산관리	-	230	-	-
	(주)광명문화관광복합단지피에프브이	-	164	-	-
	주식회사 산단재생2호성남지식산업센터위탁관리부동산투자회사	15,896	-	-	-
기타특수관계자	에이치디씨현대이피(주)	20	9	-	1
	에이치디씨폴리올(주)	1	-	-	-
	에이치디씨아이앤콘스(주)	(35,829)	269	-	90
	에이치디씨아이파크몰(주)	129	64	196	6,398
	에이치디씨스포츠(주)	-	-	265	7,458
	에이치디씨영창(주)	-	185	17,276	-
	(주)HDC리츠1호	356	-	2,092	-

prefix	name	label
ifrs-full	DisclosureOfTransactionsBetweenRelatedPartiesTable	특수관계자거래에 대한 공시 [표]
ifrs-full	CategoriesOfRelatedPartiesAxis	특수관계자의범주[축]
ifrs-full	EntitysTotalForRelatedPartiesMember	전체 특수관계자 [구성요소]
ifrs-full	AssociatesMember	관계기업 [구성요소]
entitycode	└ HDCResortMember[2]	에이치디씨리조트 [구성요소]

2 parent-child 관계를 명시하기 위해서 " └"표시를 추가하였다. 다른 매핑 자료에는 해당 내용이 생략되어 있는 경우가 있으니 이를 고려할 필요가 있다.

7) (공정가치 서열체계의 수준 [축])
└ AllLevelsOfFairValueHierarchyMember

공정가치 서열체계 수준 1, 2, 3을 나누어 열을 만들어 주는 경우에 사용

2) 공정가치로 측정되는 자산과 부채
당기말과 전기말 현재 공정가치로 측정되는 금융상품의 공정가치 서열체계별 공정가치 금액은 다음과 같습니다.

(단위: 백만원)

구분	당기말			
	수준 1	수준 2	수준 3	합계
당기손익-공정가치 측정 금융자산				
지분증권	-	-	96,064	96,064
전환증권	-	-	1,797	1,797
파생상품자산	-	230,080	-	230,080
당기손익-공정가치 측정 금융부채				
파생상품부채	-	47,408	-	47,408

도메인 멤버와 하위 멤버를 모두 구성하는 체계는 다음과 같다.

prefix	name	label
ifrs-full	LevelsOfFairValueHierarchyAxis	공정가치서열체계의수준[축]
ifrs-full	AllLevelsOfFairValueHierarchyMember	공정가치 서열체계의 모든 수준 [구성요소]
ifrs-full	Level1OfFairValueHierarchyMember	공정가치서열체계수준1 [구성요소]
ifrs-full	Level2OfFairValueHierarchyMember	공정가치 서열체계 수준 2 [구성요소]
ifrs-full	Level3OfFairValueHierarchyMember	공정가치 서열체계 수준 3 [구성요소]

8) MaturityAxis(만기 [축])
└ AggregatedTimeBandsMember

라인아이템을 만기로 구분하여 분화할 때 사용. 표준 구성요소(member)는 1년 단위로 5년까지 만들어져 있으므로 이를 초과하는 기간의 만기는 확장하여야 한다. 사례 아래에는 만기를 구성하는 구성요소를 보여주고 있는데, 해당 되는 만기가 없을 경우에는 확

장하여야 한다. 2022년도 말 기준으로 2026년 만기는 3년 초과 4년 이내 구성요소를 사용하면 되며, 레이블은 주석공시처럼 "2026년 만기"를 별칭으로 하여 사용하면 될 것이다.

(단위: 백만원)

구분	계	2025년 만기	2026년 만기	2027년 만기	2028년 만기	2029년 만기	2030년 만기	2031년 만기	2032년 만기
세액공제	660,670	7,302	18,511	143,815	88,847	106,762	61,506	77,721	156,206

prefix	name	label
ifrs-full	MaturityAxis	만기 [축]
ifrs-full	AggregatedTimeBandsMember	합계 구간 [구성요소]
ifrs-full	NotLaterThanOneYearMember	1년 이내 [구성요소]
ifrs-full	LaterThanOneYearAndNotLaterThanTwoYearsMember	1년 초과 2년 이내 [구성요소]
ifrs-full	LaterThanTwoYearsAndNotLaterThanThreeYearsMember	2년 초과 3년 이내 [구성요소]
ifrs-full	LaterThanThreeYearsAndNotLaterThanFourYearsMember	3년 초과 4년 이내 [구성요소]
ifrs-full	LaterThanFourYearsAndNotLaterThanFiveYearsMember	4년 초과 5년 이내 [구성요소]
ifrs-full	LaterThanFiveYearsMember	5년 초과 [구성요소]

9) MeasurementAxis(측정 [축])
└ AggregatedMeasurementMember

공정가치모형을 사용하는 경우 취득원가와 공정가치를 공시하는데 사용한다. 하위 구성요소가 취득원가 구성요소와 공정가치모형 구성요소이기 때문에, 도메인 멤버인 AggregatedMeasurementMember(측정 전체 [구성요소])가 다른 도메인 멤버와 같이 합계의 개념과 동일하지는 않지만 도메인 멤버이므로 아래 장부금액은 도메인 멤버의 열에 입력한다.

12-2 당기손익-공정가치측정금융자산의 세부내역

(단위: 원)

회사명	당기말					전기말
	주식수 (주)	지분율 (%)	취득원가	공정가치	장부금액	장부금액
<지분상품>						
(주)광림	666,660	1.26	469,995,300	669,993,300	669,993,300	1,339,986,600
(주)하나금융지주 등	-	-	272,420,347	942,384,760	942,384,760	951,716,220
주택도시보증공사 등	-	-	2,042,658,454	2,042,658,454	2,042,658,454	1,972,224,554
대우조선해양건설(주) 등	-	-	41,119,415,000	45,000	45,000	45,000
소계			43,904,489,101	3,655,081,514	3,655,081,514	4,263,972,374
<채무상품>						
(주)더벤처스 외	-	-	4,851,224,411	4,502,489,965	4,502,489,965	3,171,989,923
합계			48,755,713,512	8,157,571,479	8,157,571,479	7,435,962,297

10) RangeAxis(범위 [축])

└ RangesMember

범위를 나타내는 데이터의 하위, 상위 구성요소(member)를 구성할 때 사용한다. 다음과 같이 데이터가 하위와 상위 범위로 되어 있으면, 해당 내용을 RangeAxis로 나누어 공시할 수 있다. 주석의 데이터를 아래의 표와 같이 "BottomOfRangeMember"와 "TopOfRangeMember"로 나누어 공시할 수 있다.

5) 공정가치 산정을 위해 연결실체가 적용한 할인율은 다음과 같습니다.

구분	당기말	전기말
차입금 및 사채 등	5.11~6.68%	2.21~4.38%

	BottomOfRangeMember	TopOfRangeMember
차입금 및 사채 등	5.11	6.68

11) AttributionOfExpensesByNatureToTheirFunctionAxis (성격별 비용의 기능별 배분 [축]) └ LineItemsByFunctionMember

비용을 기능별로 배분(매출원가, 판매비와 일반관리비)할 때 사용한다. LineItemsByFunctionMember의 하위 멤버는 "CostOfSalesMember"매출원가 [구성요소]와 "SellingGeneralAndAdministrativeExpenseMember"판매비와 일반관리비 [구성요소]이다.

32. 비용처리된 연구개발비

당기와 전기의 비용처리된 연구개발비는 다음과 같습니다.

(단위: 백만원)

구 분	제 55(당) 기	제 54(전) 기
일반관리비	179,714	123,092
매출원가	356,560	345,457
합 계	536,274	468,549

참고로 합계에 기록된 536,274백만원은 도메인 멤버인 "LineItemsByFunctionMember"(열)와 합계(ifrs_full_ResearchAndDevelopmentExpense(연구와 개발 비용))(행)이 만나는 칼럼에 사실(값)을 입력하여야 한다.

"비용처리된 연구개발비 합계는 536,274백만원입니다."를 Dimension으로 생성된 표에 입력하면 다음과 같다.

	LineItemsByFunctionMember		
	CostOfSalesMember	SellingGeneralAndAdministrativeExpenseMember	
ResearchAndDevelopmentExpense	179,714	356,560	536,274

5장

주석별 XBRL 매핑실습

1. 연결대상회사의 개요
2. 중요한 회계정책 및 재무제표 작성기준
3. 현금및현금성자산과 장·단기금융상품
4. 매출채권 및 기타수취채권
5. 재고자산
6. 투자부동산
7. 관계기업투자
8. 유형자산
9. 무형자산
10. 무형자산(바이오)
11. 사용권자산
12. 매입채무 및 기타채무
13. 차입금
14. 종업원급여
15. 자본
16. 비용의 성격별 분류
17. 판매비와 관리비
18. 법인세비용(이연법인세)
19. 주당이익
20. 재무위험관리
21. 특수관계자

본 장에서는 주석의 주요한 내용에 대해서 XBRL편집기의 행탭과 열탭에 빌딩될 요소들을 매핑해보기로 한다. 되도록, 사전 정의되어 있는 주석 리스트에서 "주석항목리스트에서 가져오기" 기능을 활용하였다. 다만, 사전 정의되어 있는 주석 리스트와 달리 여러개의 주석이 통합되어 있는 경우에는 주석항목을 제시하지 않았으며, 이 경우에는 "신규 주석 추가" 기능을 사용하여 주석을 작성하는 것으로 하였다.

1. 연결대상회사의 개요

1) 주석의 주요 내용

① 연결대상회사에 대한 주요 내용 기술 ② 주요주주현황을 소개하고, ③ 종속기업의 현황 및 재무현황 등이 제시되는 주석이다. 아래에서 하나하나 살펴보기로 한다.

2) 연결대상회사에 대한 주요 내용 기술[1]

(1) XBRL 주석 작성할 주석 사례

> 주식회사 우리금융지주(이하 "지배기업")는 주식의 소유를 통해 금융업을 영위하는 종속기업 또는 금융업과 밀접한 관련이 있는 종속기업을 지배하는 것을 주된 사업목적으로 주식회사 우리은행, 우리에프아이에스주식회사, 주식회사 우리금융경영연구소, 우리신용정보주식회사, 우리펀드서비스주식회사, 우리프라이빗에퀴티자산운용주식회사의 주주와 주식의 포괄적 이전의 방법을 통하여 금융지주회사법에 따라 2019년 1월 11일 설립되었습니다. 지배기업의 본점은 서울특별시 중구 소공로 51에 소재하고 있으며, 자본금은 당기말 현재 3,640,303백만원입니다. 지배기업의 주식은 2019년 2월 13일 한국거래소에 상장되었으며 미국주식예탁증서(ADS: American Depositary Shares)도 동일자부터 원주기준으로 뉴욕증권거래소(New York Stock Exchange)에서 거래되고 있습니다.

1 주석 이름으로 사용

- 주석 내용을 정보별로 분화

주석 내용을 정보별로 분화하면 총 6개의 정보로 나뉠 수 있다.

> 주식회사 우리금융지주(이하 "지배기업")는 ⓐ주식의 소유를 통해 금융업을 영위하는 종속기업 또는 금융업과 밀접한 관련이 있는 종속기업을 지배하는 것을 주된 사업목적으로 ⓑ주식회사 우리은행, 우리에프아이에스주식회사, 주식회사 우리금융경영연구소, 우리신용정보주식회사, 우리펀드서비스주식회사, 우리프라이빗에퀴티자산운용주식회사의 주주와 주식의 포괄적 이전의 방법을 통하여 금융지주회사법에 따라 ⓒ2019년 1월 11일 설립되었습니다. ⓓ지배기업의 본점은 서울특별시 중구 소공로 51에 소재하고 있으며, ⓔ자본금은 당기말 현재 3,640,303백만원입니다. 지배기업의 주식은 ⓕ2019년 2월 13일 한국거래소에 상장되었으며 미국주식예탁증서(ADS: American Depositary Shares)도 동일자부터 원주기준으로 뉴욕증권거래소(New York Stock Exchange)에서 거래되고 있습니다.

(2) 주석에 사용될 수 있는 주요한 표준 택사노미 요소 검색

- 태깅하려는 요소와 매핑

이를 태깅하려는 요소(element)와 매핑하면 다음과 같다.

번호	요소(element)	표준 id
ⓐ	기업의 영업과 주요 활동의 내용에 대한 설명	ifrs-full_DescriptionOfNatureOfEntitysOperationsAndPrincipalActivities
ⓑ	설립방법	-
ⓒ	설립일	-
ⓓ	기업의 등록된 본점 사무소	ifrs-full_AddressOfRegisteredOfficeOfEntity
ⓔ	자본금[2]	ifrs-full_IssuedCapital
ⓕ	상장정보	-

dart taxonomy에 표준 요소(element)가 있는 ⓐ, ⓓ, ⓔ는 표준 요소를 사용하면 되고, 표준 요소가 없는 ⓑ, ⓒ, ⓕ는 확장하여야 한다. 표준 요소들이 구성되어 있는 "[D810000] 주석 - 기업정보와 한국채택국제회계기준 준수 사실 기재 - 연결"을 "주석항목리스트에서 가

2 현재 XBRL 편집기에서는 표준 주석 롤에 구성되어 있지 않은 표준 요소(element)(다른 롤에 구성되어 있는 요소)는 검색되지 않지만, 향후에는 전체 표준 요소(element)가 검색될 것이므로 검색하여 빌딩하면 될 것이다.

져오기"를 활용하여 롤을 생성한 다음 ⓐ, ⓓ, ⓔ는 표준 요소는 주석항목리스트에서 가져오기를 활용하고, ⓑ, ⓒ, ⓕ는 추가를 활용하여 확장하면 된다.

"[D810000] 주석 - 기업정보와 한국채택국제회계기준 준수 사실 기재 - 연결[3] 주요 Element

prefix	name	label
ifrs-full	DomicileOfEntity	기업의 소재지
ifrs-full	LegalFormOfEntity	기업의 법적 형태
ifrs-full	CountryOfIncorporation	설립지 국가
ifrs-full	AddressOfRegisteredOfficeOfEntity	기업의 등록된 본점 사무소
ifrs-full	PrincipalPlaceOfBusiness	주요 사업 소재지
ifrs-full	DescriptionOfNatureOfEntitysOperationsAndPrincipalActivities	기업의 영업과 주요 활동의 내용에 대한 설명
ifrs-full	NameOfParentEntity	지배기업의 명칭

ⓑ, ⓒ, ⓕ를 확장할 때 글자상자에서 표상자까지의 4가지 속성에서 선택하여야 하는데, ⓑ 설립방법과 ⓕ 상장정보는 글자 속성이지만, ⓒ 설립일은 날짜 속성이므로 날짜 상자 추가를 선택하여 확장하여야 한다.

엘리먼트를 확장하는 것이므로 한글명 및 영문명을 정의하여야 id와 레이블이 생성된다.

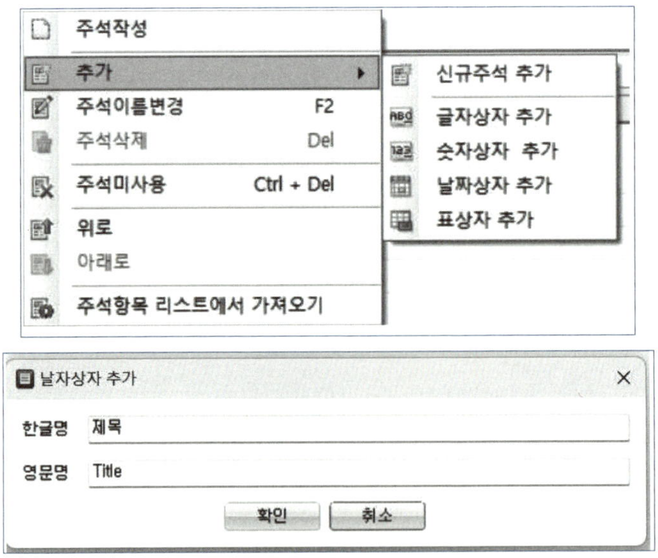

3 주석 명은 "제3장 XBRL 편집기 주석 사용법"의 "3. 기타 기능 소개"에서 설명한 "주석이름 변경"을 활용하면 된다.

확장하려는 ⓑ, ⓒ, ⓕ의 한글명과 영문명은 다음과 같다. 한글명과 영문명을 작명할 때는 해당 내용을 대표할 수 있도록 작명하면 된다.

번호	한글명	영문명
ⓑ	설립방법	Description of entity establishment
ⓒ	설립일	Date of establishment
ⓕ	상장정보	Information of listing on stock exchange market

ⓕ "설립일"의 경우 아래와 같이 날짜를 입력할 수 있는 상자가 발생한다.

(3) 최종적으로 다음과 같이 매핑된다.[4]

prefix	name	label
ifrs-full	DisclosureOfNotesAndOtherExplanatoryInformationExplanatory[5]	주석과 그 밖의 설명에 대한 공시 [문장영역]
ifrs-full	DescriptionOfNatureOfEntitysOperationsAndPrincipalActivities	기업의 영업과 주요 활동의 내용에 대한 설명
entitycode[6]	DescriptionOfEntityEstablishment	설립방법
entitycode	DateOfEstablishment	설립일
ifrs-full	AddressOfRegisteredOfficeOfEntity	기업의 등록된 본점 사무소
ifrs-full	IssuedCapital	자본금
entitycode	Information of listing on stock exchange market	상장정보

해당 요소를 빌딩하고, 요소별로 해당되는 주석 내용을 입력하면, XBRL 주석 작성이 완료된다. 빌딩 및 입력 방식은 제3장을 활용하면 되므로 추가적인 설명은 생략한다(이하 동일).

4 "2. Table 리스트"에서 설명한 default dimension은 매핑에 표시하지 않았다(이하 동일).

5 [D810000] 주석 - 기업정보와 한국채택국제회계기준 준수 사실 기재 - 연결 주석을 사용하였으므로 해당 주석의 root element를 그대로 매핑하였다.

6 확장할 경우 "entity"에 기업고유번호 코드가 숫자로 이어 prefix가 생성이 되는데, 본 가이드에서는 확장시에는 entitycode로 prefix를 통일하였다(이하 동일).

3) 주요 주주현황

(1) XBRL 주석 작성할 주석 사례

당기말 현재 지배기업의 주요 주주 현황은 다음과 같습니다.

주주명	보통주	
	소유주식수(주)	지분율(%)
SK케미칼 주식회사	52,350,000	68.18
우리사주조합	623,603	0.81
기타	23,810,443	31.01
합 계	76,784,046	100.00

- 주석 내용을 정보별로 분화

주석 내용을 라인아이템 개념과 멤버로 분화하면 다음과 같이 나뉠 수 있다.

■ 라인아이템 개념 2개 : 소유주식수, 지분율
■ 멤버 3개 : SK케미칼 주식회사, 우리사주조합, 기타

(2) 주석에 사용될 수 있는 주요한 표준 택사노미 요소 검색

- 태깅하려는 요소와 매핑

이를 태깅하려는 요소(element)와 매핑하면 다음과 같다.

요소(element)	표준 id
소유주식수	-
지분율	-

dart taxonomy에 표준 요소가 검색이 되지 않으므로 모두 확장하여야 한다. 또한, 별도의 롤로 주석을 분화할 정도로 이전 주석 정보와 차별화가 되지 않는다고 판단되므로 "1-2 연결대상회사에 대한 주요 내용 기술"주석 롤에 "표상자 추가"를 통해 해당 내용을 빌딩하면 된다.

따라서 지배기업 주요 주주현황을 Dimension 구조로 매핑하면 다음과 같다.[7]

prefix	name	label
entitycode	DetailsOfMajorShareholdersTable	주주 현황 [표]
entitycode	MajorShareholdersAxis	주주 [축]
entitycode	MajorShareholdersMember	주주 [구성요소]
	[확장되는 종속기업명 3개는 생략][8]	
entitycode	DetailsOfMajorShareholdersLineItems	주주 현황 [항목][9]
entitycode	NumberOfSharesOwnedByShareholders	주주 소유 주식 수
entitycode	PercentageOfSharesOwnedByShareholders	주주 소유 지분율

합계는 도메인 "주주[구성요소]"열에 입력하면 된다.

4) 종속기업의 현황 및 재무현황

(1) XBRL 주석 작성할 주석 사례

1.2 종속기업의 현황

당기말과 전기말 현재 연결재무제표 작성대상에 포함된 종속기업의 현황은 다음과 같습니다.

회사명	소재지	결산일	업종	당기말		전기말	
				보유주식수(주)	지분율(%)	보유주식수(주)	지분율(%)
호텔에이치디씨(주)	대한민국	12월 31일	호텔업	2,200,000	100.00	2,200,000	100.00
에이치디씨현대피씨이(주)	대한민국	12월 31일	콘크리트 제품 제조업	100,000	100.00	100,000	100.00
빅애플드림제일차(주)(*)	대한민국	12월 31일	유동화금융회사	-	-	-	-
아이파크패키지제일차(주)(*)	대한민국	12월 31일	유동화금융회사	-	-	-	-
아이파크패키지제이차(주)(*)	대한민국	12월 31일	유동화금융회사	-	-	-	-
피치에코(주)(*)	대한민국	12월 31일	유동화금융회사	-	-	-	-
(주)에이치디씨아이파크제1호위탁관리부동산투자회사	대한민국	12월 31일	기타 부동산 개발 및 공급업	60,000,000	100.00	60,000,000	100.00
(주)에이치디씨아이파크제2호위탁관리부동산투자회사	대한민국	12월 31일	기타 부동산 개발 및 공급업	46,500,000	82.12	46,500,000	82.12
(주)에이치디씨넥스트위탁관리부동산투자회사	대한민국	12월 31일	기타 부동산 개발 및 공급업	3,000,00	100.00	-	-

(*) 특수목적기업으로, 연결회사가 유동화증권의 원리금 상환 이행을 위해 제공하는 연대보증 등을 통해 실질적인 힘과 변동이익에 대한 권리를 보유하여 지배력이 있는 것으로 판단됨에 따라 연결대상종속기업에 포함하였습니다.

7 root abstract 생략.

8 "SK케미칼 주식회사"를 예로 설명하면 "entitycode_SKChemicals"id를 확장하여야 한다.

9 id "entitycode_NameOfShareholdersy"를 사용하여 주주명칭을 DB화할 수도 있다. 본 가이드에서는 라인아이템 개념과 멤버가 중복되어 매핑을 생략하였다.

1.3 종속기업의 요약 재무정보

당기말과 전기말 현재 연결대상 주요 종속기업의 요약재무현황은 다음과 같습니다 (단위:백만원).

<당기말>

회사명	자 산	부 채	자 본	당기순손익
호텔에이치디씨(주)	16,848	10,094	6,754	2,228
에이치디씨현대피씨이(주)	20,981	5,669	15,312	3,645
(주)에이치디씨아이파크제1호위탁관리부동산투자회사	389,199	270,766	118,433	(1,195)
(주)에이치디씨아이파크제2호위탁관리부동산투자회사	110,094	67,081	43,013	(822)
(주)에이치디씨넥스트위탁관리부동산투자회사	300	-	300	-

- 주석 내용을 정보별로 분화

주석 내용을 라인아이템 개념과 멤버로 분화하면 다음과 같이 나뉠 수 있다.

■ 라인아이템 개념 10개 : 소재지, 결산일, 업종, 보유주식수, 지분율, 타 기업에 대한 의결권을 과반미만 보유하더라도 그 기업을 지배한다는 결정을 내린 유의적인 판단과 가정에 대한 기술, 자산, 부채, 자본, 당기순손익

■ 멤버 9개 : 호텔에이치디씨(주), 에이치디씨현대피씨이(주), 빅애플드림제일차(주), 아이파크패키지제일차(주), 아이파크패키지제이차(주), 피치에코(주), (주)에이치디씨아이파크제1호위탁관리부동산투자회사, (주)에이치디씨아이파크제2호위탁관리부동산투자회사, (주)에이치디씨넥스트위탁관리부동산투자회사

이 때 유의하여야 할 것은 "타 기업에 대한 의결권을 과반미만 보유하더라도 그 기업을 지배한다는 결정을 내린 유의적인 판단과 가정에 대한 기술"인데, 위 주석 1.2 종속기업의 현황에는 표에 구현되어 있지는 않지만, (*)를 통해 정보를 공시하기 위한 요소이다. 즉, (*)의 정보는 관련 기준서 요구사항에서 주석공시를 요구하고 있기 때문에 공시하는 것이며, XBRL 공시할 때 이를 누락하면 안 되는 것이다.

(2) 주석에 사용될 수 있는 주요한 표준 택사노미 요소 검색

- 태깅하려는 요소와 매핑

이를 태깅하려는 요소(element)와 매핑하면 다음과 같다.

요소(element)	표준 id
소재지	ifrs-full_PrincipalPlaceOfBusinessOfSubsidiary
결산일	ifrs-full_DateOfEndOfReportingPeriodOfFinancialStatementsOfSubsidiary
업종	-
보유주식수	-
지분율	ifrs-full_ProportionOfOwnershipInterestInSubsidiary
타 기업에 대한 의결권을 과반미만 보유하더라도 그 기업을 지배한다는 결정을 내린 유의적인 판단과 가정에 대한 기술	ifrs-full_DescriptionOfNatureOfRelationshipWithSubsidiaryWhereParentHasDirectlyOrIndirectlyLessThanHalfOfVotingPower
자산	ifrs-full_Assets
부채	ifrs-full_Liabilities
자본	ifrs-full_Equity
당기순손익	ifrs-full_ProfitLoss

"[D825700] 주석 - 타 기업에 대한 지분의 공시 - 연결[10] 주요 Element

prefix	name	label
ifrs-full	DisclosureOfSignificantInvestmentsInSubsidiariesAbstract	종속기업에 대한 공시 [개요]
ifrs-full	DisclosureOfSignificantInvestmentsInSubsidiariesTable	종속기업에 대한 공시 [표]
ifrs-full	SignificantInvestmentsInSubsidiariesAxis	종속기업 [축]
ifrs-full	EntitysTotalForSubsidiariesMember	전체 종속기업 [구성요소]
ifrs-full	SubsidiariesMember	종속기업 [구성요소]
ifrs-full	SubsidiariesWithMaterialNoncontrollingInterestsMember	비지배지분이 중요한 종속기업 [구성요소]
ifrs-full	DisclosureOfSignificantInvestmentsInSubsidiariesLineItems	종속기업에 대한 공시 [항목]
ifrs-full	NameOfSubsidiary	종속기업의 명칭
ifrs-full	PrincipalPlaceOfBusinessOfSubsidiary	종속기업의 주요 사업 소재지
ifrs-full	CountryOfIncorporationOrResidenceOfSubsidiary	종속기업의 설립지 국가

10 [D825480] 주석 - 별도재무제표 - 연결에도 관련된 표준 요소(element)가 있어 해당 롤을 이용하여도 된다.

prefix	name	label
ifrs-full	Assets	자산
ifrs-full	CurrentLiabilities	유동부채
ifrs-full	NoncurrentLiabilities	비유동부채
ifrs-full	Liabilities	부채
ifrs-full	Equity	자본
ifrs-full	Revenue	수익(매출액)
ifrs-full	ProfitLoss	당기순이익(손실)
ifrs-full	DateOfEndOfReportingPeriodOfFinancialStatementsOfSubsidiary	종속기업 재무제표의 보고기간 종료일
ifrs-full	ProportionOfOwnershipInterestInSubsidiary	종속기업에 대한 소유지분율

확장하려는 "업종"과 "보유주식수"의 한글명과 영문명은 다음과 같다. 한글명과 영문명을 작명할 때에는 해당 내용을 대표할 수 있도록 작명하면 된다.

한글명	영문명
업종	Main business
보유주식 수	Number of shares held

(3) 최종적으로 다음과 같이 매핑된다.[11]

prefix	name	label
ifrs-full	DisclosureOfSignificantInvestmentsInSubsidiariesAbstract	종속기업에 대한 공시 [개요]
ifrs-full	DisclosureOfSignificantInvestmentsInSubsidiariesTable	종속기업에 대한 공시 [표]
ifrs-full	SignificantInvestmentsInSubsidiariesAxis	종속기업 [축]
ifrs-full	EntitysTotalForSubsidiariesMember	전체 종속기업 [구성요소]
	[확장되는 종속기업명 9개는 생략][12]	
ifrs-full	DisclosureOfSignificantInvestmentsInSubsidiariesLineItems	종속기업에 대한 공시 [항목]
ifrs-full	PrincipalPlaceOfBusinessOfSubsidiary	소재지

11 id "ifrs-full_NameOfSubsidiary"를 사용하여 종속기업의명칭을 DB화할 수도 있다. 본 가이드에서는 라인아이템 개념과 멤버가 중복되어 매핑을 생략하였다.

12 "호텔에이치디씨(주)"를 예로 설명하면 "entitycode_HotelHDCMember"id를 확장하여야 한다.

prefix	name	label
ifrs-full	DateOfEndOfReportingPeriodOfFinancialStatementsOfSubsidiary	결산일
entitycode	MainBusiness	업종
entitycode	NumberOfSharesHeld	보유주식수
ifrs-full	ProportionOfOwnershipInterestInSubsidiary	종속기업에 대한 소유지분율 [13]
ifrs-full	DescriptionOfNatureOfRelationshipWithSubsidiaryWhereParentHasDirectlyOrIndirectlyLessThanHalfOfVotingPower	타 기업에 대한 의결권을 과반미만 보유하더라도 그 기업을 지배한다는 결정을 내린 유의적인 판단과 가정에 대한 기술
ifrs-full	Assets	자산
ifrs-full	Liabilities	부채
ifrs-full	Equity	자본
ifrs-full	ProfitLoss	당기순이익(손실)

2. 중요한 회계정책 및 재무제표 작성기준

중요한 회계정책 및 재무제표 작성기준은 "제4장 dart taxonomy-주석 이해하기", "1. 사전 정의되어 있는 주석 리스트"에서 설명한 "[D800600] 주석 - 회계정책 목록 - 연결"을 사용하여 매핑하면 될 것이다. "ifrs-full_DisclosureOfBasisOfPreparationOfFinancialStatementsExplanatory"재무제표 작성기준에 대한 공시 [문장영역] id는 "[D800500] 주석 - 주석 목록 - 연결" 주석 하위에 있기 때문에 현재는 "[D800600] 주석 - 회계정책 목록 - 연결"에서 검색이 되지 않지만, 추후 XBRL 편집기 개발이 완료되면, 다른롤의 id도 검색이 가능하기 때문에 해당 id를 매핑하여 사용하면 될 것이다.

한편, 유형자산의 추정내용연수는 Dimension 구조이므로 별도의 표상자를 구성하여야 하는데, 다음과 같은 표를 매핑한 결과는 아래와 같다.

13 표준 레이블이며, 주석과 같이 지분율로 공시가 되길 원한다면, 해당 엘리먼트의 레이블을 별칭레이블을 "지분율"로 정의하면 된다.

유형자산의 당기말 현재 추정 내용연수는 다음과 같습니다.

구분	추정 내용연수
건물 및 구축물	20~40년
기계장치	4, 5년
비품	4년
기타의 유형자산	2, 4, 12년
사용권자산	(*)

(*) 사용권자산은 리스개시일로부터 사용권자산의 내용연수 종료일과 리스기간 종료일 중 이른 날까지 감가상각 됩니다.

prefix	name	label
entitycode	DisclosureOfUsefulLifeOfPropertyPlantAndEquipmentTable	유형자산의 내용연수에 대한 공시 [표]
ifrs-full	ClassesOfPropertyPlantAndEquipmentAxis	유형자산의 분류 [축]
ifrs-full	PropertyPlantAndEquipmentMember	유형자산 [구성요소]
entitycode	BuildingsAndStructuresMember	건물 및 구축물 [구성요소]
ifrs-full	MachineryMember	기계장치 [구성요소]
ifrs-full	FixturesAndFittingsMember	집기 [구성요소]
ifrs-full	OtherPropertyPlantAndEquipmentMember	기타유형자산 [구성요소]
ifrs-full	RightofuseAssetsMember	사용권자산 [구성요소]
ifrs-full	DisclosureOfPropertyPlantAndEquipmentLineItems	유형자산에 대한 세부 정보 공시 [항목]
ifrs-full	DescriptionOfUsefulLifePropertyPlantAndEquipment	내용연수 기술, 유형자산

한편, 해당 요소를 빌딩하고, 요소별로 해당되는 주석 내용을 입력할 때, 사용권자산의 "(*) 사용권자산은 리스개시일로부터 사용권자산의 내용연수 종료일과 리스기간 종료일 중 이른 날까지 감가상각 됩니다."의 내용은 "ifrs-full_DescriptionOfUsefulLifePropertyPlantAndEquipment"와 "ifrs-full_RightofuseAssetsMember"가 교차하는 칼럼에 입력해야 한다.

무형자산의 경우에도 이와 동일한 방법으로 매핑하면 되고, "ifrs-full_DescriptionOfUsefulLifeIntangibleAssetsOtherThanGoodwill" "내용연수 기술, 영업권 외의 무형자산" id를 라인아이템 개념으로 사용하면 된다.

3. 현금및현금성자산과 장·단기금융상품

(1) XBRL 주석 작성할 주석 사례

가. 당기말과 전기말 현재 현금및현금성자산과 장 · 단기금융상품의 구성 내역은 다음과 같습니다(단위:백만원).

구 분		당기말	전기말
현금및현금성자산			
상각후원가 금융자산	보유현금 및 요구불예금	107,652	108,812
	정기예금	456,653	242,000
합 계		564,305	350,812
단기금융상품			
상각후원가 금융자산	단기은행예치금	65,000	46,000
	단기운용자금(ABCP 등)	65,049	1,426,222
합 계		130,049	1,472,222
장기금융상품			
상각후원가 금융자산	장기은행예치금	700	-
	장기운용자금(ABCP 등)	-	47,334
합 계		700	47,334

- 주석 내용을 정보별로 분화

주석 내용을 라인아이템 개념과 멤버로 분화하면 다음과 같이 나뉠 수 있다.

■ 라인아이템 개념 9개 : 현금및현금성자산(합계), 보유현금 및 요구불예금, 정기예금, 단기금융상품(합계), 단기은행예치금, 단기운용자금(ABCP 등), 장기금융상품(합계), 장기은행예치금, 장기운용자금(ABCP 등)

■ 멤버 1개 : 상각후원가 금융자산

(2) 주석에 사용될 수 있는 주요한 표준 택사노미 요소 검색

- 태깅하려는 요소와 매핑

이를 태깅하려는 요소(element)와 매핑하면 다음과 같다.

요소(element)	표준 id
현금및현금성자산	ifrs-full_CashAndCashEquivalents
보유현금 및 요구불예금	-
정기예금	-
단기금융상품	ifrs-full_ShorttermDepositsNotClassifiedAsCashEquivalents
단기은행예치금	-
단기운용자금(ABCP 등)	-
장기금융상품	dart_LongTermDepositsNotClassifiedAsCashEquivalents
장기은행예치금	-
장기운용자금(ABCP 등)	-
상각후원가 금융자산 멤버	ifrs-full_FinancialAssetsAtAmortisedCostCategoryMember

"[D822410] 주석 - 현금및현금성자산 - 연결"주석이 사전에 정의되어 있지만, 본 사례에서는 "장·단기금융상품"이 추가되어 있으므로 [D822410] 주석을 사용하지 않고, 별도로 번호를 부여하고, "주석 - 현금및현금성자산과 장·단기금융상품[14] - 연결" 주석 롤을 신규 추가하여 주석을 작성하기로 한다.

이 주석에서는 "상각후원가 금융자산"을 멤버로 구성하는 것을 유의하여야 하는데, 각 라인아이템 개념을 다시 금융자산의 범주인 "당기손익인식", "기타포괄손익-공정가치", "상각후원가로측정"로 분류하는 정보가 포함되어 있기 때문이다. 다만, 주석에서는 "당기손익인식", "기타포괄손익-공정가치"로 분류되는 금융자산은 없기 때문에 표시되지 않고 있을 뿐이다.

id	label
ifrs-full_FinancialAssetsAtFairValueThroughProfitOrLossCategoryMember	당기손익인식금융자산[구성요소]
ifrs-full_FinancialAssetsMeasuredAtFairValueThroughOtherComprehensiveIncomeCategoryMember	기타포괄손익-공정가치로측정하는금융자산, 범주[구성요소]
ifrs-full_FinancialAssetsAtAmortisedCostCategoryMember	상각후원가로측정하는금융자산, 범주[구성요소]

14 영문으로는 Notes - Cash Equivalents And Deposits - Consolidated financial statements

해당 주석을 매핑할 때에도 표시되지 않고 있는 "당기손익인식", "기타포괄손익-공정가치"분류를 멤버로 매핑할 필요는 없다. 그러한 분류가 주석에 포함되어 있다는 것을 이해하는 차원으로 위 분류를 설명한 것으로 이해하면 된다.

한편, "제2장 주요한 작성원칙"의 "4. 라인아이템과 멤버 확장 중 선택 기준"에서 설명한 바와 같이 주석을 작성하다 보면, 재무상태표 본문에 없는 계정과목을 사용하는 경우가 있는데(예:보유현금 및 요구불예금), 이는 "현금및현금성자산"의 멤버로 확장할 수도 있겠지만, 계정과목이므로 라인아이템으로 확장하는 것을 원칙으로 한다.

(3) 최종적으로 다음과 같이 매핑된다.

prefix	name	label
ifrs-full	DisclosureOfFinancialAssetsAbstract	금융자산의 공시 [개요]
ifrs-full	DisclosureOfFinancialAssetsTable	금융자산의 공시 [표]
ifrs-full	CategoriesOfFinancialAssetsAxis	금융자산의 범주 [축]
ifrs-full	FinancialAssetsCategoryMember	금융자산, 범주 [구성요소][15]
ifrs-full	FinancialAssetsAtAmortisedCostCategoryMember	상각후원가로 측정하는 금융자산, 범주 [구성요소]
ifrs-full	DisclosureOfFinancialAssetsLineItems	금융자산의 공시 [항목]
ifrs-full	CashAndCashEquivalents	현금및현금성자산
entitycode	CashAndDemandDeposits	현금 및 요구불예금
entitycode	TermDeposit	정기예금
ifrs-full	ShorttermDepositsNotClassifiedAsCashEquivalents	단기금융상품
entitycode	ShorttermDepositAtBank	단기은행예치금
entitycode	ShorttermABCPEtc	단기운용자금(ABCP 등)
dart	LongTermDepositsNotClassifiedAsCashEquivalents	장기금융상품
entitycode	LongtermDepositAtBank	장기은행예치금
entitycode	LongtermABCPEtc	장기운용자금(ABCP 등)

15 제2장 "5. 택사노미의 축(axis)하위의 도메인멤버를 변경하지 않아야 한다."에서 설명한 바와 같이 멤버가 하나이더라도 축(axis)의 하위 도메인멤버를 유지하여야 한다.

4. 매출채권 및 기타수취채권

(1) XBRL 주석 작성할 주석 사례

가. 당기말과 전기말 현재 대손충당금 차감전 총액 기준에 의한 매출채권 및 기타수취채권과 대손충당금의 내역은 다음과 같습니다(단위:백만원).

구 분	당기말			전기말		
	채권액	대손충당금	장부금액	채권액	대손충당금	장부금액
매출채권						
매출채권	1,167	-	1,167	5,115	-	5,115
공사미수금	459,529	(99,229)	360,300	476,392	(138,330)	338,062
분양미수금	20,111	-	20,111	27,491	-	27,491
합 계	480,807	(99,229)	381,578	508,998	(138,330)	370,668
기타수취채권(유동)						
미수금	93,712	(9,892)	83,820	80,102	(10,393)	69,709
미수수익	32,293	-	32,293	11,975	-	11,975
기타당좌자산	81,851	(42,596)	39,255	64,386	(40,730)	23,656
사업비 대여금 등	1,349,684	(21,782)	1,327,902	421,525	(21,781)	399,744
합 계	1,557,540	(74,270)	1,483,270	577,988	(72,904)	505,084
기타수취채권(비유동)						
보증금	141,609	(84)	141,525	105,972	(51)	105,921
사업비 대여금 등	446,374	(4,832)	441,542	431,220	(5,114)	426,106
장기미수금	201,012	(201,012)	-	201,012	(201,012)	-
장기대여금	1,896	-	1,896	4,000	-	4,000
합 계	790,891	(205,928)	584,963	742,204	(206,177)	536,027

- 주석 내용을 정보별로 분화

주석 내용을 라인아이템 개념과 멤버로 분화하면 다음과 같이 나뉠 수 있다.

■ 라인아이템 개념 14개 : 매출채권(합계), 매출채권, 공사미수금, 분양미수금, 기타수취채권-유동(합계), 미수금, 미수수익, 기타당좌자산, 사업비 대여금 등-유동, 기타수취채권-비유동(합계), 보증금, 사업비 대여금 등-비유동, 장기미수금, 장기대여금

■ 멤버 2개 : 채권액, 대손충당금

여기서 주의할 점 3가지를 먼저 설명하기로 한다.

첫 번째, 매출채권으로 분류되어 있는 하위 항목에 다시 매출채권이 나오는데, 이는 상위의 매출채권과 동일한 개념이 아니다. 즉, 매출채권(합계)를 구성하는 하위 매출채권이다. 따라서 하위 매출채권의 개념은 별도로 매핑해 주어야 한다.

두 번째, 각각의 채권 계정과목은 순액계정과목이다. 이는 장부금액이 도메인으로 합계금액을 이루어 Dimension을 이루기 때문이다. 이는 재무제표 본문에서 순액으로 공시되고, 주석에서 이 순액이 총액과 차감액으로 분화되는 공시 방법을 따른 것이다. 아래 그림에서 "ifrs-full_CurrentTradeReceivables"은 순액을 표시하는 id이다.

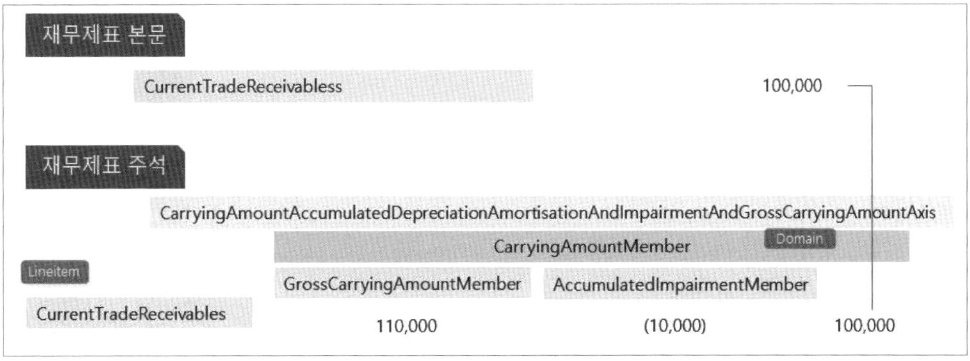

셋째, 장부가액은 별도의 멤버가 아니고, 채권액(총장부금액)에서 대손충당금을 차감한 금액으로 채권액과 대손충당금의 합계, 즉 도메인 멤버이다. 따라서, 별도의 멤버를 확장하여 매핑하면 안 된다.

(2) 주석에 사용될 수 있는 주요한 표준 택사노미 요소 검색

- 태깅하려는 요소와 매핑

  이를 태깅하려는 요소(element)와 매핑하면 다음과 같다.

요소(element)	표준 id
매출채권(합계)	ifrs-full_CurrentTradeReceivables
매출채권	-
공사미수금	-
분양미수금	-
기타수취채권-유동(합계)	ifrs-full_OtherCurrentReceivables
미수금	-
미수수익	ifrs-full_CurrentAccruedIncome
기타당좌자산	-
사업비 대여금 등-유동	ifrs-full_CurrentLoansAndReceivables
기타수취채권-비유동(합계)	ifrs-full_OtherNoncurrentReceivables
보증금	-
사업비 대여금 등-비유동	ifrs-full_NoncurrentLoansAndReceivables
장기미수금	-
장기대여금	-
채권액 멤버	ifrs-full_GrossCarryingAmountMember
대손충당금 멤버	ifrs-full_AccumulatedImpairmentMember

위에서도 설명하였지만, 여기서 매핑되는 id는 모두 순액 개념을 가진 id이다. dart taxonomy에서 label linkbase에서 장기대여금 레이블로 검색하면, "dart_LongTermLoansGross"가 검색이 된다. 하지만, 해당 id는 총액 개념을 가진 id이기 때문에 이 주석에서 사용할 수 없다.

"[D822420] 주석 - 매출채권 및 기타채권 - 연결" 주석은 매출채권과 기타채권을 구성요소(member)로 구성하여 채권의 총장부금액, 차감액의 변동액을 나타내는 주석이다. 이는 유형자산, 무형자산 등 Stock 정보와 Flow 정보를 결합한 대표적인 구성 방법이다. 하지만 이 주석은 채권의 총장부금액, 차감액의 변동(Flow) 정보는 없고, Stock 정보만 있으므로 Stock정보를 모두 구성요소로 구성하는 "[D822420] 주석 - 매출채권 및 기타채권 - 연결"과는 유사한 부분이 적고 라인아이템 개념을 많이 확장하므로 신규로 주석을 구성하기로 한다.[16]

이 주석은 장부금액을 총장부금액과 대손충당금으로 분화하는 구분(axis)만 있으면 된다. 이 축은 유형자산 등에서 자주 쓰이기 때문에 기억해 두는 것이 좋겠다.

16 "[D822420] 주석 - 매출채권 및 기타채권 - 연결" 주석을 활용하는 방법도 틀린 것은 아니다. 이는 선택의 영역이다.

prefix	name	label
ifrs-full	CarryingAmountAccumulatedDepreciationAmortisationAndImpairmentAndGrossCarryingAmountAxis	장부금액, 감가상각누계액, 상각누계액 및 손상차손누계액 및 총장부금액 [축]
ifrs-full	CarryingAmountMember	장부금액 [구성요소]
ifrs-full	GrossCarryingAmountMember	총장부금액 [구성요소]
ifrs-full	AccumulatedImpairmentMember	손상차손누계액 [구성요소]

(3) 최종적으로 다음과 같이 매핑된다.

prefix	name	label
ifrs-full	DisclosureOfFinancialAssetsAbstract	금융자산의 공시 [개요]
ifrs-full	TradeAndOtherReceivablesTable	매출채권 및 기타채권의 공시 [표]
ifrs-full	CarryingAmountAccumulatedDepreciationAmortisationAndImpairmentAndGrossCarryingAmountAxis	장부금액, 감가상각누계액, 상각누계액 및 손상차손누계액 및 총장부금액 [축]
ifrs-full	CarryingAmountMember	장부금액 [구성요소]
ifrs-full	GrossCarryingAmountMember	총장부금액 [구성요소]
ifrs-full	AccumulatedImpairmentMember	손상차손누계액 [구성요소]
ifrs-full	DisclosureOfFinancialAssetsLineItems	금융자산의 공시 [항목]
ifrs-full	CurrentTradeReceivables	유동매출채권
entitycode	ReceivablesOnSaleOfGoodsAndService	상품 및 용역 매출채권
entitycode	NetReceivablesOnConstructionContracts[17]	공사미수금, 장부가액
entitycode	NetReceivablesRealestateSales	분양미수금, 장부가액
ifrs-full	OtherCurrentReceivables	기타 유동채권
entitycode	CurrentReceivablesNontrade	유동 기타 미수금
ifrs-full	CurrentAccruedIncome	유동미수수익
entitycode	MiscellaneousOtherReceivables	기타당좌자산
ifrs-full	CurrentLoansAndReceivables	유동 대여금 및 수취채권
ifrs-full	OtherNoncurrentReceivables	기타 비유동채권
entitycode	DepositsAsset	보증금
ifrs-full	NoncurrentLoansAndReceivables	비유동 대여금 및 수취채권
entitycode	NoncurrentReceivablesNontrade	비유동 기타 미수금
entitycode	NoncurrentLoans	장기대여금

17 "dart_ReceivablesOnConstructionContracts"가 총액 id로 있기 때문에 Net을 추가하여 id를 만들었다. "NetReceivablesRealestateSales"도 동일한 이유에서이다.

5. 재고자산

(1) XBRL 주석 작성할 주석 사례

구 분	취득원가	평가충당금	장부가액
상품	1,691,140	(15,241)	1,675,899
제품	2,480,475	(39,795)	2,440,680
반제품	28,547,937	(1,230,575)	27,317,362
재공품	5,127,286	-	5,127,286
원재료	17,405,933	(15,203)	17,390,730
저장품	16,363,978	(85,519)	16,278,459
미착품	44,894	-	44,894
합 계	71,661,643	(1,386,333)	70,275,310

당기 중 재고자산과 관련하여 인식한 재고자산평가손실은 5,566,456천원(전기: 재고자산평가손실환입 2,324,062천원)입니다.

- 주석 내용을 정보별로 분화

주석 내용을 라인아이템 개념과 멤버로 분화하면 다음과 같이 나뉠 수 있다.

■ 라인아이템 개념 10개 : 상품, 제품, 반제품, 재공품, 원재료, 저장품, 미착품, 재고자산(합계), 재고자산평가손실, 재고자산평가손실환입

■ 멤버 2개 : 취득원가, 평가충당금

여기서 주의할 점은 재고자산평가손실 및 환입에 대해서도 라인아이템 개념으로 매핑하여 금액을 태깅하여야 한다는 것이다. 표 안에 있는 내용이 아니더라도 XBRL 주석 공시가 필요한 사실을 식별해야 한다. 또한, 괄호 안의 내용이라 하더라도 별도의 라인아이템으로 구성하여야 하는지 검토해야 한다. dart taxonomy는 재고자산평가손실환입과 재

고자산평가손실을 각각 별도로 정의해 놓았으므로 별도로 라인아이템을 구성하여야 한다.

(2) 주석에 사용될 수 있는 주요한 표준 택사노미 요소 검색

- 태깅하려는 요소와 매핑

이를 태깅하려는 요소(element)와 매핑하면 다음과 같다.

요소(element)	표준 id
상품	ifrs-full_Merchandise
제품	ifrs-full_FinishedGoods
반제품	–
재공품	ifrs-full_WorkInProgress
원재료	ifrs-full_RawMaterials
저장품	ifrs-full_SpareParts
미착품	ifrs-full_CurrentInventoriesInTransit
재고자산(합계)	ifrs-full_Inventories
재고자산평가손실	ifrs-full_InventoryWritedown2011
재고자산평가손실환입	ifrs-full_ReversalOfInventoryWritedown
취득원가 멤버	ifrs-full_GrossCarryingAmountMember
평가충당금 멤버	dart_AllowanceForInventoryValuationMember

위에서도 설명하였지만, 여기서 매핑되는 id는 모두 순액 개념을 가진 id이다. dart taxonomy에서 label linkbase에서 반제품 레이블로 검색하면, "dart_SemiFinishedGoodsGross"가 검색이 된다. 하지만, 해당 id는 총액 개념을 가진 id이기 때문에 이 주석에서 사용할 수 없다.

한편, 상품부터 미착품까지는 재고자산을 구성하는 하위항목인데, 재고자산을 라인아이템으로 하여 상품부터 미착품까지 구성요소로 설계하려는 생각을 할 수 있다. 하지만, 해당 주석은 Stock의 변동을 나타내는 표가 아니므로 "변동 내역"을 라인아이템 개념으로 매핑할 필요가 없다. 따라서, 표준 라인아이템 개념 요소를 활용하여 표를 구성하면 되므로 계정과목을 구성요소(member)로 구성할 필요가 없다.

“[D826380] 주석 - 재고자산 - 연결” 주요 Element

prefix	name	label
dart	DetailsOfInventoriesAbstract	재고자산 세부내역 [개요]
dart	DetailsOfInventoriesTable	재고자산 세부내역 [표]
ifrs-full	CarryingAmountAccumulatedDepreciationAmortisationAndImpairmentAndGrossCarryingAmountAxis	장부금액, 감가상각누계액, 상각누계액 및 손상차손누계액 및 총장부금액 [축]
ifrs-full	CarryingAmountMember	장부금액 [구성요소]
ifrs-full	GrossCarryingAmountMember	총장부금액 [구성요소]
dart	AllowanceForInventoryValuationMember	재고자산 평가충당금 [구성요소]
dart	DetailsOfInventoriesLineItems	재고자산 세부내역 [항목]
ifrs-full	CurrentInventoriesHeldForSale	유동 제상품(제품, 상품)
ifrs-full	WorkInProgress	유동재공품
ifrs-full	CurrentMaterialsAndSuppliesToBeConsumedInProductionProcessOrRenderingServices	유동 원재료와 저장품
ifrs-full	CurrentInventoriesInTransit	유동 운송중 재고자산
ifrs-full	OtherInventories	기타재고
ifrs-full	Inventories	총유동재고자산
ifrs-full	InventoryWritedown2011	재고자산 평가손실
ifrs-full	ReversalOfInventoryWritedown	재고자산 평가손실환입

(3) 최종적으로 다음과 같이 매핑된다.

prefix	name	label
dart	DetailsOfInventoriesAbstract	재고자산 세부내역 [개요]
dart	DetailsOfInventoriesTable	재고자산 세부내역 [표]
ifrs-full	CarryingAmountAccumulatedDepreciationAmortisationAndImpairmentAndGrossCarryingAmountAxis	장부금액, 감가상각누계액, 상각누계액 및 손상차손누계액 및 총장부금액 [축]
ifrs-full	CarryingAmountMember	장부금액 [구성요소]
ifrs-full	GrossCarryingAmountMember	총장부금액 [구성요소]
dart	AllowanceForInventoryValuationMember	재고자산 평가충당금 [구성요소]
dart	DetailsOfInventoriesLineItems	재고자산 세부내역 [항목]
ifrs-full	Merchandise	상품
ifrs-full	FinishedGoods	제품
entitycode	SemiFinishedGoods	반제품, 순액
ifrs-full	WorkInProgress	재공품
ifrs-full	RawMaterials	원재료
ifrs-full	SpareParts	저장품
ifrs-full	CurrentInventoriesInTransit	미착품
ifrs-full	Inventories	재고자산
ifrs-full	InventoryWritedown2011	재고자산평가손실
ifrs-full	ReversalOfInventoryWritedown	재고자산평가손실환입

이 주석에서 사실(값)을 입력할 때 유의할 점이 있는데, 재고자산평가손실과 재고자산평가손실환입금액은 X축에 생기는 3개의 열에서 장부금액 [구성요소] 열과 라인아이템의 행이 만나는 칼럼에 사실(값)을 입력하여야 한다. 왜냐하면, 도메인 열이 합계(Total)을 나타내는 열이므로 장부금액 [구성요소] 열에 입력하여야만 "재고자산평가손실 총계는 5,566,456천원입니다."라는 의미의 구문이 생성되는 것이다.

"재고자산평가손실 총계는 5,566,456천원입니다."를 Dimension으로 생성된 표에 입력하면 다음과 같다.

	CarryingAmountMember		
	GrossCarryingAmount Member	AllowanceForInventory ValuationMember	
InventoryWritedown2011			5,566,456

6. 투자부동산

(1) XBRL 주석 작성할 주석 사례

<당기> (단위: 원)

구분	토지	건물	구축물	합계
취득원가:				
기초	29,101,121,883	60,519,834,238	7,200,000	89,628,156,121
처분/폐기	(-)1,857,034,900	-	-	(-)1,857,034,900
대체(주1)	(-)875,274,000	(-)3,424,523,308	-	(-)4,299,797,308
기말	26,368,812,983	57,095,310,930	7,200,000	83,471,323,913
감가상각 및 손상차손누계액:				
기초	-	15,903,051,908	7,199,000	15,910,250,908
상각	-	3,621,884,945	-	3,621,884,945
대체(주1)	-	(-)605,737,556	-	(-)605,737,556
손상(주2)	-	6,105,046,363	-	6,105,046,363
기말	-	25,024,245,660	7,199,000	25,031,444,660
장부금액:				
기초	29,101,121,883	44,616,782,330	1,000	73,717,905,213
기말	26,368,812,983	32,071,065,270	1,000	58,439,879,253

(주1) 유형자산과 투자부동산의 대체 금액 및 투자부동산과 사용권자산의 대체 금액이 포함되어 있습니다.

(단위: 원)

구분	당기	전기
투자부동산에서 발생하는 임대수익	1,494,142,844	1,213,937,741
투자부동산 관련 직접비용	(-)3,621,884,945	(-)3,980,508,477
합계	(-)2,127,742,101	(-)2,766,570,736

- 주석 내용을 정보별로 분화

주석 내용을 라인아이템 개념과 멤버로 분화하면 다음과 같이 나뉠 수 있다.

■ 라인아이템 개념 7개 : 투자부동산(기초, 기말), 처분/폐기, 대체, 상각, 손상, 임대수익, 직접비용
■ 멤버 5개 : {토지,건물, 구축물}, {취득원가, 감가상각 및 손상차손누계액}

이 주석을 매핑할 때에는 다음을 유의한다.

ⓐ 이 주석은 투자부동산의 총장부금액, 차감액의 변동(Flow) 정보를 구성하고 있으므로, 기본적으로 축을 2개로 구성한다. 첫 번째 축은 투자부동산의 유형(TypesOfInvestmentPropertyAxis)과 장부금액, 감가상각누계액, 상각누계액 및 손상차손누계액 및 총장부금액(CarryingAmountAccumulatedDepreciationAmortisationAndImpairmentAndGrossCarryingAmountAxis)이다.

ⓑ 기초, 기말은 기초와 기말 id를 확장하지 않고, 동일한 id를 사용하여야 하고, 기초 기말 정보는 레이블에서 "periodStart", "periodEnd"레이블을 사용하여야 한다. 따라서, 기초 기말 투자부동산 장부가액의 id는 ifrs-full_InvestmentProperty를 사용하여야 한다.

ⓒ "[D825100] 주석 - 투자부동산 - 연결" presentation likbase에서 알 수 있듯이 측정[축](MeasurementAxis)가 맨 먼저 나온다. 이는 투자부동산을 공정가치 모형과 원가모

형으로 회계정책을 선택할 수 있기 때문에 해당 분류법을 기준으로 먼저 분류하고 있다. 따라서, 아래 주석 사례처럼 회계정책에서 원가모형으로 측정하고 있음을 밝혔다고 하더라도 해당 주석에서 원가모형의 분류 방법임을 다시 한번 매핑해 줄 필요가 있다.

> 2-13 투자부동산
> 투자부동산은 관련 거래원가를 가산한 취득원가로 측정하고 있으며, 발생시점에 자산의 인식요건을 충족한 대체원가를 포함하고 있습니다. 다만, 일상적인 관리활동에서 발생하는 원가는 발생시점에 비용으로 인식하고 있습니다.

ⓓ "[D825100] 주석 - 투자부동산 – 연결"에서 "변동"과 관련한 라인아이템 개념이 다음과 같이 예시되어 있는데, 이 중 "대체"부분의 내역을 확인하여 주석의 "대체"개념과 맞는 라인아이템 개념을 매핑하여야 한다. 만약 유사한 개념이 없다면 확장하여야 한다.
아래 표에서 예시한 것과 같이 변동은 "자산으로 인식한 후속지출로 인한 증가"부터 "기타 변동에 따른 증가(감소)"까지로 구성되어 있고, 대체는 "투자부동산을 재고자산이나 자가사용부동산으로 대체하거나 재고자산이나 자가사용부동산을 투자부동산으로 대체", "건설 혹은 개발 중인 투자부동산으로부터의 대체" 두 개로 구성되어 있다.

ifrs-full	InvestmentProperty	기초 투자부동산
ifrs-full	ChangesInInvestmentPropertyAbstract	투자부동산의 변동 [개요]
ifrs-full	AdditionsInvestmentPropertyAbstract	추가, 투자부동산 [개요]
ifrs-full	AdditionsFromSubsequentExpenditureRecognisedAsAssetInvestmentProperty	자산으로 인식한 후속지출로 인한 증가, 투자부동산
ifrs-full	AdditionsFromAcquisitionsInvestmentProperty	사업결합으로 인한 증가, 투자부동산
ifrs-full	AdditionsOtherThanThroughBusinessCombinationsInvestmentProperty	사업결합을 통한 취득 이외의 증가 합계, 투자부동산
ifrs-full	AcquisitionsThroughBusinessCombinationsInvestmentProperty	사업결합을 통한 취득, 투자부동산
ifrs-full	IncreaseDecreaseThroughNetExchangeDifferencesInvestmentProperty	순외환차이에 의한 증가(감소), 투자부동산
ifrs-full	DepreciationInvestmentProperty	감가상각비, 투자부동산
ifrs-full	ImpairmentLossRecognisedInProfitOrLossInvestmentProperty	당기손익으로 인식된 손상차손, 투자부동산
ifrs-full	ReversalOfImpairmentLossRecognisedInProfitOrLossInvestmentProperty	당기손익으로 인식된 손상차손환입, 투자부동산
ifrs-full	GainsLossesOnFairValueAdjustmentInvestmentProperty	공정가치 조정으로 인한 이익(손실), 투자부동산

ifrs-full	InvestmentProperty	기초 투자부동산
ifrs-full	TransferFromToInventoriesAndOwnerOccupiedPropertyInvestmentProperty	투자부동산을 재고자산이나 자가사용부동산으로 대체하거나 재고자산이나 자가사용부동산을 투자부동산으로 대체
ifrs-full	TransferFromInvestmentPropertyUnderConstructionOrDevelopmentInvestmentProperty	건설 혹은 개발 중인 투자부동산으로부터의 대체
ifrs-full	DisposalsInvestmentProperty	처분, 투자부동산
ifrs-full	DecreaseThroughClassifiedAsHeldForSaleInvestmentProperty	매각예정으로의 분류를 통한 감소, 투자부동산
ifrs-full	IncreaseDecreaseThroughOtherChangesInvestmentProperty	기타 변동에 따른 증가(감소), 투자부동산
ifrs-full	ChangesInInvestmentProperty	투자부동산의 증가(감소) 합계
ifrs-full	InvestmentProperty	기말 투자 부동산

위 사례 주석의 (주1)에서는 "유형자산과 투자부동산의 대체 금액 및 투자부동산과 사용권자산의 대체 금액이 포함되어 있습니다."라고 규정되어 있으므로 "대체"의 개념이 표준 요소(element)와 유사한 개념은 아니다. 따라서, "대체" id를 확장하여 만들어야 한다.

(2) 주석에 사용될 수 있는 주요한 표준 택사노미 요소 검색

- 태깅하려는 요소와 매핑

이를 태깅하려는 요소(element)와 매핑하면 다음과 같다.

요소(element)	표준 id
투자부동산(기초, 기말)	ifrs-full_InvestmentProperty
처분/폐기[18]	-
대체	-
상각	ifrs-full_DepreciationInvestmentProperty
손상	ifrs-full_ImpairmentLossRecognisedInProfitOrLossInvestmentProperty
임대수익	ifrs-full_RentalIncomeFromInvestmentProperty
직접비용	ifrs-full_DirectOperatingExpenseFromInvestmentProperty
토지 멤버	ifrs-full_LandMember
건물 멤버	ifrs-full_BuildingsMember
구축물 멤버	-[19]

18 처분 id는 ifrs-full_DisposalsInvestmentProperty가 있으나, 유형자산의 경우 "ifrs-full_DisposalsAndRetirementsPropertyPlantAndEquipment"이 있는 등 처분(ifrs-full_DisposalsPropertyPlantAndEquipment)과 폐기(ifrs-full_RetirementsPropertyPlantAndEquipment)를 별도의 개념으로 보고 있어 확장함

19 dart taxonomy를 검색하면, "dart_StructureGross"가 검색이 되지만 이는 총액개념의 id임

요소(element)	표준 id
취득원가 멤버	ifrs-full_GrossCarryingAmountMember
감가상각 및 손상차손누계액 멤버	ifrs-full_AccumulatedDepreciationAmortisationAndImpairmentMember

위에서도 설명하였지만, 여기서 매핑되는 id는 모두 순액 개념을 가진 id이다. dart taxonomy에서 label linkbase에서 구축물 레이블로 검색하면, "dart_StructureGross"가 검색이 된다. 하지만, 해당 id는 총액 개념을 가진 id이기 때문에 이 주석에서 사용할 수 없다.

"[D825100] 주석 - 투자부동산 - 연결" 주요 Element

prefix	name	label
ifrs-full	DisclosureOfInvestmentPropertyAbstract	투자부동산에 대한 세부 정보 공시 [개요]
ifrs-full	DisclosureOfInvestmentPropertyTable	투자부동산에 대한 세부 정보 공시 [표]
ifrs-full	MeasurementAxis	측정 [축]
ifrs-full	AggregatedMeasurementMember	측정 전체 [구성요소]
ifrs-full	AtCostMember	취득원가 [구성요소]
ifrs-full	FairValueModelMember	공정가치모형 [구성요소]
ifrs-full	AtFairValueMember	공정가치 [구성요소]
ifrs-full	AtCostOrInAccordanceWithIFRS16WithinFairValueModelMember	공정가치모형에서 취득원가나 IFRS 16에 따른 금액 [구성요소]
ifrs-full	CarryingAmountAccumulatedDepreciationAmortisationAndImpairmentAndGrossCarryingAmountAxis	장부금액, 감가상각누계액, 상각누계액및손상차손누계액및총장부금액[축]
ifrs-full	CarryingAmountMember	장부금액 [구성요소]
ifrs-full	GrossCarryingAmountMember	총장부금액 [구성요소]
ifrs-full	AccumulatedDepreciationAmortisationAndImpairmentMember	감가상각누계액, 상각누계액 및 손상차손누계액 [구성요소]
ifrs-full	AccumulatedDepreciationAndAmortisationMember	감가상각누계액 및 상각누계액 [구성요소]
ifrs-full	AccumulatedImpairmentMember	손상차손누계액 [구성요소]
ifrs-full	TypesOfInvestmentPropertyAxis	투자부동산유형[축]
ifrs-full	InvestmentPropertyMember	투자부동산 [구성요소]
ifrs-full	DisclosureOfInvestmentPropertyLineItems	투자부동산에 대한 세부 정보 공시 [항목]
ifrs-full	ReconciliationOfChangesInInvestmentPropertyAbstract	투자부동산의 변동에 대한 조정 [개요]
	[이하 변동항목에 대한 라인아이템은 위에서 예시하였기 때문에 생략함]	

(3) 최종적으로 다음과 같이 매핑된다.

prefix	name	label
ifrs-full	DisclosureOfInvestmentPropertyAbstract	투자부동산에 대한 세부 정보 공시 [개요]
ifrs-full	DisclosureOfInvestmentPropertyTable	투자부동산에 대한 세부 정보 공시 [표]
ifrs-full	MeasurementAxis	측정 [축]
ifrs-full	AggregatedMeasurementMember	측정 전체 [구성요소]
ifrs-full	AtCostMember	취득원가 [구성요소]
ifrs-full	TypesOfInvestmentPropertyAxis	투자부동산유형[축]
ifrs-full	InvestmentPropertyMember	투자부동산 [구성요소]
ifrs-full	LandMember	토지
ifrs-full	BuildingsMember	건물
entitycode	Structure	구축물, 순액
ifrs-full	CarryingAmountAccumulatedDepreciationAmortisationAndImpairmentAndGrossCarryingAmountAxis	장부금액, 감가상각누계액, 상각누계액 및손상차손누계액및총장부금액[축]
ifrs-full	CarryingAmountMember	장부금액 [구성요소]
ifrs-full	GrossCarryingAmountMember	총장부금액 [구성요소]
ifrs-full	AccumulatedDepreciationAmortisationAndImpairmentMember	감가상각누계액, 상각누계액 및 손상차손누계액 [구성요소]
ifrs-full	DisclosureOfInvestmentPropertyLineItems	투자부동산에 대한 세부 정보 공시 [항목]
ifrs-full	InvestmentProperty	기초 투자부동산
entitycode	DisposalsAndRetirementsProperty	처분/폐기, 투자부동산
entitycode	TransferFromToPropertyPlantAndEquipmentAndRightofuseAssetsEtc	투자부동산과 유형자산 또는 사용권자산 등의 대체
ifrs-full	DepreciationInvestmentProperty	감가상각비, 투자부동산
ifrs-full	ImpairmentLossRecognisedInProfitOrLossInvestmentProperty	당기손익으로 인식된 손상차손, 투자부동산
ifrs-full	RentalIncomeFromInvestmentProperty	투자부동산에서 발생한 임대수익
ifrs-full	DirectOperatingExpenseFromInvestmentProperty	임대수익이 발생한 투자부동산과 직접 관련된 운영비용
ifrs-full	InvestmentProperty	기말 투자부동산

참고로 위 사례는 표2개가 합쳐지게 되며, 이 두 표의 라인아이템 개념을 개요로 분리할 수도 있을 것이다. 즉, 위 사례의 "InvestmentProperty"에서 "ImpairmentLossRecognisedInProfitOrLossInvestmentProperty"까지는 "ifrs-full_ChangesInInvestmentPro pertyAbstract"(투자부동산의 변동 [개요])로 묶고, "ifrs-full_RentalIncomeFromInvestmentPropertyNetOfDirectOperatingExpenseAbstract(투자부동산에서 발생한 임대수익, 순직접운영비용 [개요])"로 묶어 분리할 수 있을 것이다.

7. 관계기업투자

(1) XBRL 주석 작성할 주석 사례

회사명	기초	지분법손익	처분	기타	당기말
두산프라퍼티㈜ (주1)	29,062	1,305	(25,187)	(5,180)	-
두산큐벡스㈜ (주2)	9,218	(27)	(7,591)	(1,600)	-
Ainstein AI, Inc	1,933	(74)	-	-	1,859
프레스토라이트아시아㈜	2,431	200	-	(153)	2,478
합 계	42,644	1,404	(32,778)	(6,933)	4,337

- 주석 내용을 정보별로 분화

주석 내용을 라인아이템 개념과 멤버로 분화하면 다음과 같이 나뉠 수 있다.

■ 라인아이템 개념 6개 : 관계기업투자(기초, 기말), 사업결합으로 인한 취득, 지분법손익, 이익잉여금변동, 지분법자본변동, 기타

■ 멤버 4개 : 두산프라퍼티㈜, 두산큐벡스㈜, Ainstein AI, Inc, 프레스토라이트아시아㈜

(2) 주석에 사용될 수 있는 주요한 표준 택사노미 요소 검색

- 태깅하려는 요소와 매핑

이를 태깅하려는 요소(element)와 매핑하면 다음과 같다.

요소(element)	표준 id
관계기업투자(기초, 기말)	ifrs-full_InvestmentAccountedForUsingEquityMethod
사업결합으로 인한 취득	-
지분법손익	ifrs-full_ShareOfProfitLossOfAssociatesAndJointVenturesAccountedForUsingEquityMethod
이익잉여금변동	dart_ShareOfRetainedEarningsOfAssociatesAndJointVenturesAccountedForUsingEquityMethod
지분법자본변동	ifrs-full_ShareOfOtherComprehensiveIncomeOfAssociatesAndJointVenturesAccountedForUsingEquityMethod
기타	-
두산프라퍼티㈜ 멤버~	[생략]

여기서 유의할 점은 관계기업투자와 관련된 계정과목은 "ifrs-full_InvestmentAccountedForUsingEquityMethod"이다. 이는 "지분법적용투자주식"이라는 계정과목인데, 종속기업(별도의 경우), 관계기업과 공동기업에 모두 적용될 수 있는 회계정책으로, 회사명을 구성요소(member)로 열을 만들게 되는 경우 관련된 축을 정확하게 선택하여야 한다.

prefix	name	label
ifrs-full	SignificantInvestmentsInSubsidiariesAxis	종속기업 [축]
ifrs-full	SignificantInvestmentsInAssociatesAxis	관계기업 [축]
ifrs-full	JointVenturesAxis	공동기업 [축]

지분법적용투자주식과 관련한 별도의 주석 presentation linkbase는 없으므로 주석을 신설하여야 한다.

(3) 최종적으로 다음과 같이 매핑된다.

prefix	name	label
entitycode	DisclosureOfInvestmentsInAssociatesAndJointVenturesAbstract	지분법적용투자주식에 대한 세부 정보 공시 [개요]
entitycode	DisclosureOfInvestmentsInAssociatesAndJointVenturesTable	지분법적용투자주식에 대한 세부 정보 공시 [표]
ifrs-full	SignificantInvestmentsInAssociatesAxis	관계기업 [축]
ifrs-full	EntitysTotalForAssociatesMember	전체 관계기업 투자금액 [구성요소]
entitycode	DoosanPropertyMember	두산프라퍼티㈜ [구성요소]
	(이하 구성요소 생략)	
entitycode	DisclosureOfInvestmentsInAssociatesAndJointVenturesLineItems	지분법적용투자주식에 대한 세부 정보 공시 [항목]
ifrs-full	InvestmentAccountedForUsingEquityMethod	기초 지분법적용 투자지분
entitycode	AcquisitionsThroughBusinessCombinationsInvestmentAccountedForUsingEquityMethod20	사업결합을 통한 취득, 지분법적용 투자지분
ifrs-full	ShareOfProfitLossOfAssociatesAndJointVenturesAccountedForUsingEquityMethod	지분법 적용대상인 관계기업과 공동기업의 당기순손익에 대한 지분
dart	ShareOfRetainedEarningsOfAssociatesAndJointVenturesAccountedForUsingEquityMethod	지분법 이익잉여금 변동
ifrs-full	ShareOfOtherComprehensiveIncomeOfAssociatesAndJointVenturesAccountedForUsingEquityMethod	지분법자본변동
entitycode	OtherIncreaseDecreaseOfInterestsInInvestmentsAccountedForUsingEquityMethod	기타
ifrs-full	InvestmentAccountedForUsingEquityMethod	기말 지분법적용 투자지분

참고로 공동기업을 같이 주석공시한다면 "JointVenturesAxis(공동기업 [축])"을 추가하여 사용하면 된다.

한편, 관계기업 투자현황을 기재하는 아래와 같은 주석의 경우 사용되는 라인아이템 개념은 다음과 같다.[21]

20 "ifrs-full_AcquisitionsThroughBusinessCombinationsInvestmentProperty"id를 참고하여 생성

21 "[D825700] 주석 - 타 기업에 대한 지분의 공시 - 연결"참조

(1) 보고기간종료일 현재 연결회사의 지분법을 적용하는 관계기업의 투자현황은 다음과 같습니다.

회사명	업종	소재지	결산일	지분율 (%)	
				당기말	전기말
두산프라퍼티(주) (주1)	부동산 임대업	한국	12월 31일	-	22.89
두산큐벡스(주) (주1)	골프장 운영업 등	한국	12월 31일	-	4.93
Ainstein AI, Inc (주2)	전자감지장치 제조업 등	미국	12월 31일	9.09	9.09
프레스토라이트아시아(주) (주3)	전동기 및 발전기 등 제조업	한국	12월 31일	32.31	32.31

(주1) 당기 중 연결회사의 특수관계자에게 보유주식 전체를 처분하였습니다. (주석35 참조)
(주2) 연결회사는 Ainstein AI, Inc의 이사회 의사결정권을 가지므로 유의적인 영향력을 행사할 수 있는 것으로 판단하고 있습니다.
(주3) 전기 중 사업결합으로 인하여 취득하였습니다.

요소(element)	표준 id
관계기업에 대한 공시 [항목]	ifrs-full_DisclosureOfSignificantInvestmentsInAssociatesLineItems
관계기업의 명칭	ifrs-full_NameOfAssociate
업종	entitycode_MainBusinessOfAssociate
소재지	ifrs-full_CountryOfIncorporationOrResidenceOfAssociate
결산일	ifrs-full_DateOfEndOfReportingPeriodOfFinancialStatementsOfAssociate
지분율	ifrs-full_ProportionOfOwnershipInterestInAssociate

여기서 (주1)부터 (주3)의 내용은 어떻게 태깅하여야 하는 것인지에 대해서 검토하여야 하는데, (주1)과 (주3)은 취득과 처분의 내용을 기재한 것이다. 이와 관련하여 가장 적절한 라인아이템 개념은 "ifrs-full_DescriptionOfReasonsForChangeOfInvestmentEntityStatus(투자기업 지위 변동 이유에 대한 기술)"으로 판단되며, 해당 id를 사용하여 해당 문장(주1), (주3)을 태깅하면 될 것이다. 한편, (주2)는 "ifrs-full_DescriptionOfReasonsWhyPresumptionThatInterestOfLessThanTwentyPerCentInAssociateIsOvercome(피투자자에 대한 지분이 20퍼센트 미만임에도 불구하고, 유의적인 영향력이 있다고 결론을 내린 이유에 대한 설명)으로 태깅하면 될 것이다.
이와 같이 주기 표시 내용을 검토하여 라인아이템 개념으로 태깅이 필요한 것을 놓치지 않고 매핑하여야 한다.

8. 유형자산

(1) XBRL 주석 작성할 주석 사례

구 분	토지	건물	기계장치	차량운반구	비품	건설중인자산	합 계
기초	139,228	187,183	359,048	2,286	31,609	85,677	805,031
취득/자본적지출	-	46,908	45,589	566	15,532	42,936	151,531
처분	-	(301)	(5,996)	(674)	(1,069)	(24)	(8,064)
감가상각	-	(10,377)	(79,265)	(723)	(10,135)	-	(100,500)
손상	-	(92)	(46)	(1)	(34)	-	(173)
매각예정자산 대체	-	-	(20,398)	(3)	-	-	(20,401)
기타증감/대체(*)	(7,678)	(3,168)	5,798	288	(2,057)	(52,316)	(59,133)
기말	131,550	220,153	304,730	1,739	33,846	76,273	768,291
취득원가	131,550	328,846	711,636	5,777	84,914	76,273	1,338,996
감가상각누계액	-	(106,067)	(405,498)	(4,037)	(51,002)	-	(566,604)
정부보조금	-	(1,215)	(821)	-	(32)	-	(2,068)
손상차손누계액	-	(1,411)	(587)	(1)	(34)	-	(2,033)

일반적으로 유형자산의 주석 정보는 취득원가부터 손상차손누계액 및 장부가액을 나타내는 표와 장부가액의 변동을 나타내는 표로 나뉘어져 공시가 되는데 사례의 회사는 두 가지의 정보(Stock과 Flow)를 한꺼번에 공시하고 있다는 점이 특징이다. 건물을 예로 들면, 취득원가 328,846부터 손상차손누계액 (1,411)까지의 합계인 220,153이 기말장부가액 220,153이 되고 기초 장부가액 187,183에서 기말 장부가액 220,153까지의 변동액이 취득/자본적지출부터 기타증감/대체까지 공시하고 있다.

- 주석 내용을 정보별로 분화

  주석 내용을 라인아이템 개념과 멤버로 분화하면 다음과 같이 나뉠 수 있다.

■ 라인아이템 개념 7개 : 유형자산(기초, 기말), 취득/자본적지출, 처분, 감가상각, 손상, 매각예정자산대체, 기타증감/대체

■ 멤버 10개 : {토지, 건물, 기계장치, 차량운반구, 비품, 건설중인자산}, {취득원가, 감가상각누계액, 정부보조금, 손상차손누계액}

(2) 주석에 사용될 수 있는 주요한 표준 택사노미 요소 검색

- 태깅하려는 요소와 매핑

이를 태깅하려는 요소(element)와 매핑하면 다음과 같다.

요소(element)	표준 id
유형자산(기초, 기말)	ifrs-full_PropertyPlantAndEquipment
취득/자본적지출	ifrs-full_AdditionsOtherThanThroughBusinessCombinationsPropertyPlantAndEquipment
처분	ifrs-full_DisposalsPropertyPlantAndEquipment
감가상각	ifrs-full_DepreciationPropertyPlantAndEquipment
손상	ifrs-full_ImpairmentLossRecognisedInProfitOrLossPropertyPlantAndEquipment
매각예정자산대체	ifrs-full_DecreaseThroughClassifiedAsHeldForSalePropertyPlantAndEquipment
기타증감/대체	ifrs-full_IncreaseDecreaseThroughTransfersAndOtherChangesPropertyPlantAndEquipment
토지 멤버	ifrs-full_LandMember
건물 멤버	ifrs-full_BuildingsMember
기계장치 멤버	ifrs-full_MachineryMember
차량운반구 멤버	ifrs-full_VehiclesMember
비품 멤버	ifrs-full_OfficeEquipmentMember
건설중인자산 멤버	ifrs-full_ConstructionInProgressMember
취득원가 멤버	ifrs-full_GrossCarryingAmountMember
감가상각누계액 멤버	ifrs-full_AccumulatedDepreciationAndAmortisationMember
정부보조금 멤버	-
손상차손누계액 멤버	ifrs-full_AccumulatedImpairmentMember

"[D822100] 주석 - 유형자산 - 연결"에서 유형자산 변동의 주요 Element

prefix	name	label
ifrs-full	ChangesInPropertyPlantAndEquipmentAbstract	유형자산의 변동 [개요]
ifrs-full	AdditionsOtherThanThroughBusinessCombinationsPropertyPlantAndEquipment	사업결합을 통한 취득 이외의 증가, 유형자산
ifrs-full	AcquisitionsThroughBusinessCombinationsPropertyPlantAndEquipment	사업결합을 통한 취득, 유형자산
ifrs-full	IncreaseDecreaseThroughNetExchangeDifferencesPropertyPlantAndEquipment	순외환차이에 의한 증가(감소), 유형자산
ifrs-full	DepreciationPropertyPlantAndEquipment	감가상각비, 유형자산
ifrs-full	ImpairmentLossRecognisedInProfitOrLossPropertyPlantAndEquipment	당기손익으로 인식된 손상차손, 유형자산
ifrs-full	ReversalOfImpairmentLossRecognisedInProfitOrLossPropertyPlantAndEquipment	당기손익으로 인식된 손상차손환입, 유형자산
ifrs-full	RevaluationIncreaseDecreasePropertyPlantAndEquipment	재평가로 인한 증가(감소), 유형자산
ifrs-full	ImpairmentLossRecognisedInOtherComprehensiveIncomePropertyPlantAndEquipment	기타포괄손익으로 인식된 손상차손, 유형자산
ifrs-full	ReversalOfImpairmentLossRecognisedInOtherComprehensiveIncomePropertyPlantAndEquipment	기타포괄손익으로 인식된 손상차손환입, 유형자산
ifrs-full	IncreaseDecreaseThroughTransfersAndOtherChangesPropertyPlantAndEquipmentAbstract	대체와 기타변동에 따른 증가(감소), 유형자산 [개요]
ifrs-full	IncreaseDecreaseThroughTransfersPropertyPlantAndEquipment	대체에 따른 증가(감소), 유형자산
ifrs-full	IncreaseDecreaseThroughTransfersFromToInvestmentPropertyPropertyPlantAndEquipment	투자부동산과의 대체에 따른 증가(감소), 유형자산
ifrs-full	IncreaseDecreaseThroughTransfersFromConstructionInProgressPropertyPlantAndEquipment	건설중인자산과의 대체에 따른 증가(감소), 유형자산
ifrs-full	IncreaseDecreaseThroughOtherChangesPropertyPlantAndEquipment	기타 변동에 따른 증가(감소), 유형자산
ifrs-full	IncreaseDecreaseThroughTransfersAndOtherChangesPropertyPlantAndEquipment	대체와 기타 변동에 따른 증가(감소)합계, 유형자산
ifrs-full	DisposalsAndRetirementsPropertyPlantAndEquipmentAbstract	유형자산의 처분 및 폐기 [개요]
ifrs-full	DisposalsPropertyPlantAndEquipment	처분, 유형자산
ifrs-full	RetirementsPropertyPlantAndEquipment	사용 중지, 유형자산
ifrs-full	DisposalsAndRetirementsPropertyPlantAndEquipment	유형자산의 처분 및 폐기 합계
ifrs-full	DecreaseThroughClassifiedAsHeldForSalePropertyPlantAndEquipment	매각예정으로의 분류를 통한 감소, 유형자산
ifrs-full	DecreaseThroughLossOfControlOfSubsidiaryPropertyPlantAndEquipment	종속기업에 대한 지배력 상실에 따른 감소, 유형자산
ifrs-full	ChangesInPropertyPlantAndEquipment	유형자산의 증가(감소) 합계

“[D822100] 주석 – 유형자산 – 연결”에서 유형자산 멤버의 주요 Element(장부금액 관련)

prefix	name	label
ifrs-full	CarryingAmountAccumulatedDepreciationAmortisationAndImpairmentAndGrossCarryingAmountAxis	장부금액, 감가상각누계액, 상각누계액 및 손상차손누계액 및 총장부금액 [축]
ifrs-full	CarryingAmountMember	장부금액 [구성요소]
ifrs-full	GrossCarryingAmountMember	총장부금액 [구성요소]
ifrs-full	AccumulatedDepreciationAmortisationAndImpairmentMember	감가상각누계액, 상각누계액 및 손상차손누계액 [구성요소]
ifrs-full	AccumulatedDepreciationAndAmortisationMember	감가상각누계액 및 상각누계액 [구성요소]
ifrs-full	AccumulatedImpairmentMember	손상차손누계액 [구성요소]

유의할 점은 회사의 주석 공시에 따라 “감가상각누계액, 상각누계액 및 손상차손누계액 [구성요소]”를 사용할 것인지, “감가상각누계액 및 상각누계액 [구성요소]”와 “손상차손누계액 [구성요소]” 중 어느 하나 또는 각각을 쓸 것인지 결정해야 한다는 것이다.

(3) 최종적으로 다음과 같이 매핑된다.

prefix	name	label
ifrs-full	DisclosureOfPropertyPlantAndEquipmentAbstract	유형자산에 대한 세부 정보 공시 [개요]
ifrs-full	DisclosureOfPropertyPlantAndEquipmentTable	유형자산에 대한 세부 정보 공시 [표]
ifrs-full	ClassesOfPropertyPlantAndEquipmentAxis	유형자산의 분류 [축]
ifrs-full	PropertyPlantAndEquipmentMember	유형자산 [구성요소]
ifrs-full	LandMember	토지[구성요소]
ifrs-full	BuildingsMember	건물 [구성요소]
ifrs-full	MachineryMember	기계장치 [구성요소]
ifrs-full	VehiclesMember	차량운반구 [구성요소]
ifrs-full	OfficeEquipmentMember	사무용비품 [구성요소]
ifrs-full	ConstructionInProgressMember	건설중인자산 [구성요소]
ifrs-full	CarryingAmountAccumulatedDepreciationAmortisationAndImpairmentAndGrossCarryingAmountAxis	장부금액, 감가상각누계액, 상각누계액 및 손상차손누계액 및 총장부금액 [축]
ifrs-full	CarryingAmountMember	장부금액 [구성요소]

prefix	name	label
ifrs-full	GrossCarryingAmountMember	총장부금액 [구성요소]
ifrs-full	AccumulatedDepreciationAndAmortisationMember	감가상각누계액 및 상각누계액 [구성요소]
entitycode	GovernmentGrantsMember	정부보조금 [구성요소]
ifrs-full	AccumulatedImpairmentMember	손상차손누계액 [구성요소]
ifrs-full	DisclosureOfPropertyPlantAndEquipmentLineItems	유형자산에 대한 세부 정보 공시 [항목]
ifrs-full	PropertyPlantAndEquipment	기초 유형자산
ifrs-full	AdditionsOtherThanThroughBusinessCombinationsPropertyPlantAndEquipment	사업결합을 통한 취득 이외의 증가, 유형자산
ifrs-full	DisposalsPropertyPlantAndEquipment	처분, 유형자산
ifrs-full	DepreciationPropertyPlantAndEquipment	감가상각비, 유형자산
ifrs-full	ImpairmentLossRecognisedInProfitOrLossPropertyPlantAndEquipment	당기손익으로 인식된 손상차손, 유형자산
ifrs-full	DecreaseThroughClassifiedAsHeldForSalePropertyPlantAndEquipment	매각예정으로의 분류를 통한 감소, 유형자산
ifrs-full	IncreaseDecreaseThroughTransfersAndOtherChangesPropertyPlantAndEquipment	대체에 따른 증가(감소), 유형자산
ifrs-full	PropertyPlantAndEquipment	기말 유형자산

9. 무형자산

(1) XBRL 주석 작성할 주석 사례

구 분	기초	취득	처분	상각	대체(주1)	기말
산업재산권	473,979	58,871	(11,494)	(88,423)	255,300	688,233
개발비	13,088,066	1,163,867	-	(2,369,499)	-	11,882,434
소프트웨어	3,499,263	906,417	-	(1,256,742)	1,094,289	4,243,227
회원권	-	1,367,436	-	-	-	1,367,436
합 계	17,061,308	3,496,591	(11,494)	(3,714,664)	1,349,589	18,181,330

- 주석 내용을 정보별로 분화

주석 내용을 라인아이템 개념과 멤버로 분화하면 다음과 같이 나뉠 수 있다.

■ 라인아이템 개념 5개 : 무형자산(기초, 기말), 취득, 처분, 상각, 대체

■ 멤버 4개 : 산업재산권, 개발비, 소프트웨어, 회원권

(2) 주석에 사용될 수 있는 주요한 표준 택사노미 요소 검색

- 태깅하려는 요소와 매핑

이를 태깅하려는 요소(element)와 매핑하면 다음과 같다.

요소(element)	표준 id
무형자산(기초, 기말)	ifrs-full_IntangibleAssetsOtherThanGoodwill
취득	ifrs-full_AdditionsOtherThanThroughBusinessCombinationsIntangibleAssetsOtherThanGoodwill
처분	ifrs-full_DisposalsIntangibleAssetsOtherThanGoodwill
상각	ifrs-full_AmortisationIntangibleAssetsOtherThanGoodwill
대체	ifrs-full_IncreaseDecreaseThroughTransfersIntangibleAssetsOtherThanGoodwill
산업재산권 멤버	ifrs-full_CopyrightsPatentsAndOtherIndustrialPropertyRightsServiceAndOperatingRightsMember
개발비 멤버	ifrs-full_CapitalisedDevelopmentExpenditureMember
소프트웨어 멤버	ifrs-full_ComputerSoftwareMember
회원권 멤버	-

"[D823180] 주석 – 무형자산 – 연결"에서 무형자산 변동의 주요 Element

prefix	name	label
ifrs-full	ChangesInIntangibleAssetsOtherThanGoodwillAbstract	영업권 이외의 무형자산의 변동 [개요]
ifrs-full	AdditionsOtherThanThroughBusinessCombinationsIntangibleAssetsOtherThanGoodwill	사업결합을 통한 취득 이외의 증가, 영업권 이외의 무형자산
ifrs-full	AcquisitionsThroughBusinessCombinationsIntangibleAssetsOtherThanGoodwill	사업결합을 통한 취득, 영업권 이외의 무형자산
ifrs-full	IncreaseDecreaseThroughNetExchangeDifferencesIntangibleAssetsOtherThanGoodwill	순외환차이에 의한 증가(감소), 영업권 이외의 무형자산

prefix	name	label
ifrs-full	AmortisationIntangibleAssetsOtherThanGoodwill	기타 상각비, 영업권 이외의 무형자산
ifrs-full	ImpairmentLossRecognisedInProfitOrLossIntangibleAssetsOtherThanGoodwill	당기손익으로 인식된 손상차손, 영업권 이외의 무형자산
ifrs-full	ReversalOfImpairmentLossRecognisedInProfitOrLossIntangibleAssetsOtherThanGoodwill	당기손익으로 인식된 손상차손환입, 영업권 이외의 무형자산
ifrs-full	RevaluationIncreaseDecreaseIntangibleAssetsOtherThanGoodwill	재평가로 인한 증가(감소), 영업권 이외의 무형자산
ifrs-full	ImpairmentLossRecognisedInOtherComprehensiveIncomeIntangibleAssetsOtherThanGoodwill	기타포괄손익으로 인식된 손상차손, 영업권 이외의 무형자산
ifrs-full	ReversalOfImpairmentLossRecognisedInOtherComprehensiveIncomeIntangibleAssetsOtherThanGoodwill	기타포괄손익으로 인식된 손상차손환입, 영업권 이외의 무형자산
ifrs-full	IncreaseDecreaseThroughTransfersAndOtherChangesIntangibleAssetsOtherThanGoodwillAbstract	대체와 기타변동에 따른 증가(감소), 영업권 이외의 무형자산 [개요]
ifrs-full	IncreaseDecreaseThroughTransfersIntangibleAssetsOtherThanGoodwill	대체에 따른 증가(감소), 영업권 이외의 무형자산
ifrs-full	IncreaseDecreaseThroughOtherChangesIntangibleAssetsOtherThanGoodwill	기타변동에 따른 증가(감소), 영업권 이외의 무형자산
ifrs-full	IncreaseDecreaseThroughTransfersAndOtherChangesIntangibleAssetsOtherThanGoodwill	대체와 기타 변동에 따른 증가(감소), 영업권 이외의 무형자산 합계
ifrs-full	DisposalsAndRetirementsIntangibleAssetsOtherThanGoodwillAbstract	처분과 폐기, 영업권 이외의 무형자산 [개요]
ifrs-full	DisposalsIntangibleAssetsOtherThanGoodwill	처분, 영업권 이외의 무형자산
ifrs-full	RetirementsIntangibleAssetsOtherThanGoodwill	폐기, 영업권 이외의 무형자산
ifrs-full	DisposalsAndRetirementsIntangibleAssetsOtherThanGoodwill	처분과 폐기, 영업권 이외의 무형자산 합계
ifrs-full	DecreaseThroughClassifiedAsHeldForSaleIntangibleAssetsOtherThanGoodwill	매각예정으로의 분류를 통한 감소, 영업권 이외의 무형자산
ifrs-full	DecreaseThroughLossOfControlOfSubsidiaryIntangibleAssetsOtherThanGoodwill	종속기업에 대한 지배력 상실에 따른 감소, 영업권 이외의 무형자산
ifrs-full	ChangesInIntangibleAssetsOtherThanGoodwill	영업권 이외의 무형자산의 증가(감소) 합계

"[D823180] 주석 – 무형자산 – 연결"에서 무형자산 멤버의 주요 Element(장부금액 관련)

prefix	name	label
ifrs-full	CarryingAmountAccumulatedDepreciationAmortisationAndImpairmentAndGrossCarryingAmountAxis	장부금액, 감가상각누계액, 상각누계액 및 손상차손누계액 및 총장부금액 [축]
ifrs-full	CarryingAmountMember	장부금액 [구성요소]
ifrs-full	GrossCarryingAmountMember	총장부금액 [구성요소]
ifrs-full	AccumulatedDepreciationAmortisationAndImpairmentMember	감가상각누계액, 상각누계액 및 손상차손누계액 [구성요소]
ifrs-full	AccumulatedDepreciationAndAmortisationMember	감가상각누계액 및 상각누계액 [구성요소]
ifrs-full	AccumulatedImpairmentMember	손상차손누계액 [구성요소]

관련 축과 구성요소는 유형자산에서 사용하던 축과 구성요소와 동일하다.

(3) 최종적으로 다음과 같이 매핑된다.

prefix	name	label
ifrs-full	DisclosureOfIntangibleAssetsAbstract	무형자산에 대한 세부 정보 공시 [개요]
ifrs-full	DisclosureOfIntangibleAssetsTable	무형자산에 대한 세부 정보 공시 [표]
ifrs-full	ClassesOfIntangibleAssetsOtherThanGoodwillAxis	영업권 이외의 무형자산의 분류 [축]
ifrs-full	IntangibleAssetsOtherThanGoodwillMember	영업권 이외의 무형자산 [구성요소]
ifrs-full	CopyrightsPatentsAndOtherIndustrialPropertyRightsServiceAndOperatingRightsMember	자본화된 개발비 지출액 [구성요소]
ifrs-full	CapitalisedDevelopmentExpenditureMember	저작권, 특허권, 기타 산업재산권, 용역운영권 [구성요소]
ifrs-full	ComputerSoftwareMember	컴퓨터소프트웨어 [구성요소]
entitycode	RightForFacilityUseMember	회원권 [구성요소]
ifrs-full	DisclosureOfIntangibleAssetsLineItems	무형자산에 대한 세부 정보 공시 [항목]
ifrs-full	IntangibleAssetsOtherThanGoodwill	기초 영업권 이외의 무형자산
ifrs-full	AdditionsOtherThanThroughBusinessCombinationsIntangibleAssetsOtherThanGoodwill	사업결합을 통한 취득 이외의 증가, 영업권 이외의 무형자산
ifrs-full	DisposalsIntangibleAssetsOtherThanGoodwill	처분, 영업권 이외의 무형자산
ifrs-full	AmortisationIntangibleAssetsOtherThanGoodwill	기타 상각비, 영업권 이외의 무형자산
ifrs-full	IncreaseDecreaseThroughTransfersIntangibleAssetsOtherThanGoodwill	대체에 따른 증가(감소), 영업권 이외의 무형자산
ifrs-full	IntangibleAssetsOtherThanGoodwill	기말 영업권 이외의 무형자산

10. 무형자산(바이오)

(1) XBRL 주석 작성할 주석 사례

단 계	구 분	개별자산명	자산화한 연구개발비 금액(누계액)			개발비		잔여 삼각기간
			임상3상	판매승인	합 계	장부금액	손상차손 누계액	
개발 완료	유전자재조합	NBP601(주1)	-	5,100,000	5,100,000	2,550,000	-	5년
	백신	NBP607(주2)	4,354,658	-	4,354,658	1,998,900	-	4년
	백신	NBP608 대상포진(주3)	10,199,115	-	10,199,115	6,034,477	-	6년
	백신	NBP608 수두(주4)	3,486,768	-	3,486,768	2,324,511	-	7년
개발중	백신	GBP510 COVID-19(주5)	180,178	-	180,178	180,178	-	10년
	소 계		18,220,719	5,100,000	23,320,719	13,088,066	-	

(주1) NBP 601은 혈우병 치료제로서, 유럽 및 미국 등에서 판매승인 후 현재 발매 중입니다.

(주2) NBP 607은 인플루엔자 예방백신 제품으로서, 2015년 판매승인 후 현재 발매 중입니다.

(주3) 성인용 대상포진 예방백신 제품으로서, 2017년 판매승인 후 현재 발매 중입니다.

(주4) 영유아용 수두 예방백신 제품으로서, 2018년 판매승인 후 현재 발매 중입니다.

(주5) GBP 510은 COVID-19 예방백신 제품으로서, 2022년 판매승인 후 현재 발매 중입니다.

- 주석 내용을 정보별로 분화

  주석 내용을 라인아이템 개념과 멤버로 분화하면 다음과 같이 나뉠 수 있다.

■ 라인아이템 개념 8개 : 신약개발 종류(구분), 임상3상, 판매승인, 합계, 개발비 장부금액, 개발비 손상차손누계액, 잔여상각기간, 신약 세부내용 및 현황

■ 멤버 8개 : {개발중, 개발완료}, {NBP601, NBP607, NBP608 대상포진, NBP608 수두, GBP510, COVID-19}

여기서 유의할 점은 자산화된 연구개발비 누계액에 대한 dart taxonomy는 추가적인 Dimension구조를 고려하지 않고, 라인아이템 개념에 구성요소 내용을 추가하여 naming하였다. 따라서, 해당 taxonomy를 고려하여 라인아이템 개념을 선택하였다.

멤버에 대한 축은 2개인데, "dart_PhaseForResearchAndDevelopmentExpenseForBioindustryAxis(신약 개발 단계, 바이오 제약 [축])"과 "dart_CategoriesOfNewDrugsForBioindustryAxis(신약 구분, 바이오 제약 [축])"이다.

한편, "구분"으로 공시한 사항과 "주기"로 공시한 사항은 정보이용자에게 제공되어야 하는 세부정보이므로 라인아이템 개념 "신약개발 종류(구분)"과 "신약 세부내용 및 현황"이다.

(2) 주석에 사용될 수 있는 주요한 표준 택사노미 요소 검색

- 태깅하려는 요소와 매핑

이를 태깅하려는 요소(element)와 매핑하면 다음과 같다.

요소(element)	표준 id
신약개발 종류(구분)	-
임상3상	dart_CapitalisedResearchAndDevelopmentExpenseForPhase3ForClinicalResearch
판매승인	dart_CapitalisedResearchAndDevelopmentExpenseForApprovalForNewDrug
합계	dart_GrossCapitalisedResearchAndDevelopmentExpenseForBioindustry
개발비 장부금액	dart_CapitalisedResearchAndDevelopmentExpenseForBioindustry
개발비 손상차손누계액	dart_AccumulatedImpairmentForCapitalisedResearchAndDevelopmentExpenseForBioindustry
잔여상각기간	dart_RemainingAmortisationPeriodOfResearchAndDevelopmentExpenseForBioindustry
신약 세부내용 및 현황	-
개발중 멤버	-
개발완료 멤버	-
NBP601 멤버	-
[이하 생략]	

"[D823180] 주석 - 무형자산 - 연결"에서 연구개발비 자산화 금액 - 바이오 업종 공시 주요 Element

prefix	name	label
dart	ResearchAndDevelopmentExpenseForBioindustryExplanatory	연구개발비자산화금액 - 바이오 업종 공시[문장영역]
dart	ResearchAndDevelopmentExpenseForBioindustryAbstract	연구개발비 자산화 금액 - 바이오 업종 공시 [개요]
dart	ResearchAndDevelopmentExpenseForBioindustryTable	연구개발비 자산화 금액 - 바이오 업종 공시 [표]
dart	PhaseForResearchAndDevelopmentExpenseForBioindustryAxis	신약개발단계, 바이오제약[축]
dart	PhaseForResearchAndDevelopmentExpenseForBioindustryMember	신약 개발 단계, 바이오 제약 [구성요소]
dart	CategoriesOfNewDrugsForBioindustryAxis	신약구분, 바이오제약[축]
dart	CategoriesOfNewDrugsForBioindustryMember	신약 구분, 바이오 제약 [구성 요소]
dart	IndividualAssetForBioindustryAxis	개별 자산, 바이오 제약 [축]
dart	IndividualAssetForBioindustryMember	개별 자산, 바이오 제약 [구성요소]
dart	AccumulatedCapitalisedResearchAndDevelopmentExpenseForBioindustryLineItems	자산화한 연구개발비 금액(누계액), 바이오 제약 [항목]
dart	AccumulatedCapitalisedResearchAndDevelopmentExpenseForBioindustryAbstract	자산화한 연구개발비 금액(누계액), 바이오 제약 [개요]
dart	CapitalisedResearchAndDevelopmentExpenseForPreclinicalResearch	임상 이전 시점의 자산화된 연구개발비, 바이오 제약
dart	CapitalisedResearchAndDevelopmentExpenseForPhase1ForClinicalResearch	임상 1상 시점의 자산화된 연구개발비, 바이오 제약
dart	CapitalisedResearchAndDevelopmentExpenseForPhase2ForClinicalResearch	임상 2상 시점의 자산화된 연구개발비, 바이오 제약
dart	CapitalisedResearchAndDevelopmentExpenseForPhase3ForClinicalResearch	임상 3상 시점의 자산화된 연구개발비, 바이오 제약
dart	CapitalisedResearchAndDevelopmentExpenseForApprovalForNewDrug	판매승인 시점의 자산화된 연구개발비, 바이오 제약
dart	GrossCapitalisedResearchAndDevelopmentExpenseForBioindustry	총계, 자산화된 연구개발비, 바이오 제약
dart	CapitalisedResearchAndDevelopmentExpenseForBioindustryAbstract	연구개발비, 바이오 제약 [개요]
dart	CapitalisedResearchAndDevelopmentExpenseForBioindustry	장부금액, 자산화된 연구개발비, 바이오 제약
dart	AccumulatedImpairmentForCapitalisedResearchAndDevelopmentExpenseForBioindustry	손상차손누계액, 자산화된 연구개발비, 바이오 제약
dart	RemainingAmortisationPeriodOfResearchAndDevelopmentExpenseForBioindustry	잔여상각기간, 연구개발비, 바이오 제약

(3) 최종적으로 다음과 같이 매핑된다.

prefix	name	label
dart	ResearchAndDevelopmentExpenseForBioindustryAbstract	연구개발비 자산화 금액 - 바이오 업종 공시 [개요]
dart	ResearchAndDevelopmentExpenseForBioindustryTable	연구개발비 자산화 금액 - 바이오 업종 공시 [표]
dart	PhaseForResearchAndDevelopmentExpenseForBioindustryAxis	신약개발단계, 바이오제약[축]
dart	PhaseForResearchAndDevelopmentExpenseForBioindustryMember	신약 개발 단계, 바이오 제약 [구성요소]
entitycode	DevelopingMember	개발중 [구성요소]
entitycode	development completedMember	개발완료 [구성요소]
dart	CategoriesOfNewDrugsForBioindustryAxis	신약구분, 바이오제약[축]
dart	CategoriesOfNewDrugsForBioindustryMember	신약 구분, 바이오 제약 [구성 요소]
entitycode	NBP601Member	NBP601 [구성요소]
	[이하 구성요소 생략]	
dart	AccumulatedCapitalisedResearchAndDevelopmentExpenseForBioindustryLineItems	자산화한 연구개발비 금액(누계액), 바이오 제약 [항목]
dart	AccumulatedCapitalisedResearchAndDevelopmentExpenseForBioindustryAbstract	자산화한 연구개발비 금액(누계액), 바이오 제약 [개요]
dart	CapitalisedResearchAndDevelopmentExpenseForPhase3ForClinicalResearch	임상 3상 시점의 자산화된 연구개발비, 바이오 제약
dart	CapitalisedResearchAndDevelopmentExpenseForApprovalForNewDrug	판매승인 시점의 자산화된 연구개발비, 바이오 제약
dart	GrossCapitalisedResearchAndDevelopmentExpenseForBioindustry	총계, 자산화된 연구개발비, 바이오 제약
dart	CapitalisedResearchAndDevelopmentExpenseForBioindustryAbstract	연구개발비, 바이오 제약 [개요]
dart	CapitalisedResearchAndDevelopmentExpenseForBioindustry	장부금액, 자산화된 연구개발비, 바이오 제약
dart	AccumulatedImpairmentForCapitalisedResearchAndDevelopmentExpeneForBioindustry	손상차손누계액, 자산화된 연구개발비, 바이오 제약
dart	RemainingAmortisationPeriodOfResearchAndDevelopmentExpenseForBioindustry	잔여상각기간, 연구개발비, 바이오 제약
entitycode	TypesOfNewDrugDevelopment	신약개발 종류(구분)
entitycode	DetailsAndStatusOfNewDrug	신약 세부내용 및 현황

11. 사용권자산

(1) XBRL 주석 작성할 주석 사례

당기말과 전기말 현재 리스와 관련하여 연결재무상태표에 인식된 금액은 다음과 같습니다(단위:백만원).

구 분	당기말	전기말
사용권자산		
건설장비	31,985	25,464
부동산(*)	63,880	15,333
기타	53	116
사용권자산 손상충당금		
부동산(*)	(2,759)	(159)
합계	93,159	40,754

구 분	당기말	전기말
리스부채		
유동	29,671	19,513
비유동	66,593	21,644
합계	96,264	41,157

당기 중 증가된 사용권자산은 84,525백만원(전기: 24,464백만원)입니다.

당기와 전기 중 리스와 관련하여 연결손익계산서에 인식된 금액은 다음과 같습니다(단위:백만원).

구 분	당기	전기
사용권자산의 감가상각비		
건설장비	25,113	20,305
부동산	2,965	2,275
기타	55	113
합계	28,133	22,693
리스부채에 대한 이자비용(금융원가에 포함)	2,214	1,001
단기리스료(매출원가 및 관리비에 포함)	9,481	8,722
단기리스가 아닌 소액자산 리스료(관리비에 포함)	1,019	3,304
사용권자산의 손상차손(환입)	2,600	(1,587)
사용권자산의 전대리스에서 생기는 수익	(3,150)	(1,999)

다. 당기 중 리스의 총 현금유출은 40,023백만원(전기: 35,373백만원)입니다.

여기서 유의할 부분은 두가지이다.

ⓐ 주석에서는 리스부채라는 라인아이템개념을 유동과 비유동의 구성요소(member)로 분류하는 것처럼 표로 구성하여 공시하였지만, dart taxonomy에는 유동, 비유동 구성요소로 구분하는 분류법이 없다. dart taxonomy에는 유동/비유동 분류법에서 사용되는 계정과목을 각각 표준 id로 만들어 놓고 있기 때문에 해당 표준 id를 사용하여 평면구조로 매핑하면 된다. 혹시 표준 id가 없는 계정과목이라 하더라도 유동과 비유동의 구성요소를 확장하는 것이 아니라 라인아이템 개념을 확장하여야 한다.

ⓑ 리스부채에 대한 이자비용(금융원가에 포함)과 같이 괄호 안의 내용이 표는 아니지만 비용을 성격별로 분류하는 분류법이므로 해당 분류법을 구성요소로 하여 Dimension 구조에 포함시켜야 한다.

ⓒ 표준 id에 손상차손과 관련한 표준 요소(element)를 보면 손상차손과 손상차손환입, 손상차손(손상차손환입)이 있다. 따라서 확장할 때 어떤 방식을 사용할지에 대해 결정해야 한다. 본 가이드에서는 주석에 공시된 대로 손상차손(손상차손환입)으로 확장한다.

- 주석 내용을 정보별로 분화

  주석 내용을 라인아이템 개념과 멤버로 분화하면 다음과 같이 나뉠 수 있다.

■ 라인아이템 개념 11개 : 사용권자산(기초, 기말), 유동리스부채, 비유동리스부채, 리스부채 합계, 증가된 사용권자산, 사용권자산의 감가상각비, 리스부채에 대한 이자비용, 단기리스료, 소액자산리스료, 사용권자산 손상차손(환입), 사용권자산에서 발생하는 수익

■ 멤버 8개 : {건설장비, 부동산, 기타}, {총장부금액, 손상차손누계액}, {금융원가, 매출원가, 관리비}

여기서 유의할 점은 "매출원가와 관리비에 포함"과 "관리비에 포함"을 각각 구성요소(member)로 매핑하지 않고, 매출원가 관리비 구성요소를 확장하고, 하위에 매출원가, 관리비 구성요소를 parent-child 관계로 구성하는 방법을 선택한 것이다.

(2) 주석에 사용될 수 있는 주요한 표준 택사노미 요소 검색

- 태깅하려는 요소와 매핑

이를 태깅하려는 요소(element)와 매핑하면 다음과 같다.

요소(element)	표준 id
사용권자산(기초, 기말)	ifrs-full_RightofuseAssets
유동리스부채	ifrs-full_CurrentLeaseLiabilities
비유동리스부채	ifrs-full_NoncurrentLeaseLiabilities
리스부채 합계	ifrs-full_LeaseLiabilities
증가된 사용권자산	ifrs-full_AdditionsToRightofuseAssets
사용권자산의 감가상각비	ifrs-full_DepreciationRightofuseAssets
리스부채에 대한 이자비용	ifrs-full_InterestExpenseOnLeaseLiabilities
단기리스료	ifrs-full_ExpenseRelatingToShorttermLeasesForWhichRecognitionExemptionHasBeenUsed
소액자산리스료	ifrs-full_ExpenseRelatingToLeasesOfLowvalueAssetsForWhichRecognitionExemptionHasBeenUsed
사용권자산 손상차손(환입)	-
사용권자산에서 발생하는 수익	ifrs-full_IncomeFromSubleasingRightofuseAssets
건설장비[22] 멤버	ifrs-full_MachineryMember
부동산[23] 멤버	ifrs-full_LandAndBuildingsMember
기타자산 멤버	ifrs-full_OtherAssetsMember
총장부금액 멤버	ifrs-full_GrossCarryingAmountMember
손상차손누계액 멤버	ifrs-full_AccumulatedImpairmentMember
금융원가 멤버	-
매출원가 멤버	ifrs-full_CostOfSalesMember
판매비와 관리비 멤버	ifrs-full_SellingGeneralAndAdministrativeExpenseMember

참고로 손상차손과 손상차손환입에 대한 라인아이템 개념은 다음과 같다.

22 확장하지 않고 가장 유사한 개념인 기계장치를 매핑하였다.

23 확장하지 않고 가장 유사한 개념인 토지와 건물을 매핑하였다.

prefix	name	label
ifrs-full	DisclosureOfImpairmentLossAndReversalOfImpairmentLossLineItems	손상차손과 손상차손환입에 대한 공시 [항목]
ifrs-full	ImpairmentLossRecognisedInProfitOrLoss	당기손익으로 인식된 손상차손
ifrs-full	DescriptionOfLineItemsInStatementOfComprehensiveIncomeInWhichImpairmentLossesRecognisedInProfitOrLossAreIncluded	당기손익으로 인식된 손상차손이 포함된 포괄손익계산서 항목에 대한 기술
ifrs-full	ReversalOfImpairmentLossRecognisedInProfitOrLoss	당기손익으로 인식된 손상차손환입
ifrs-full	ImpairmentLossReversalOfImpairmentLossRecognisedInProfitOrLoss	손상차손(손상차손환입)
ifrs-full	DescriptionOfLineItemsInStatementOfComprehensiveIncomeInWhichImpairmentLossesRecognisedInProfitOrLossAreReversed	당기손익으로 인식된 손상차손환입이 포함된 포괄손익계산서 항목에 대한 기술
ifrs-full	ImpairmentLossRecognisedInOtherComprehensiveIncome	기타포괄손익으로 인식된 손상차손
ifrs-full	ReversalOfImpairmentLossRecognisedInOtherComprehensiveIncome	기타포괄손익으로 인식된 손상차손환입

"[D832610] 주석 – 리스 – 연결"에서 사용권자산 라인아이템 개념 주요 Element

prefix	name	label
ifrs-full	DisclosureOfQuantitativeInformationAboutRightofuseAssetsLineItems	사용권자산에 대한 양적 정보 공시 [항목]
ifrs-full	RightofuseAssets	기초 사용권자산
ifrs-full	AdditionsToRightofuseAssets	사용권자산의 추가
ifrs-full	DepreciationRightofuseAssets	사용권자산감가상각비
dart	DecreaseOfRightofuseAssetsDueToTerminationOrCancellationOfLeaseContracts	계약 종료 또는 해지로 인한 감소, 사용권자산
dart	IncreaseDecreaseThroughOtherChangesRightofuseAssets	기타 변동에 따른 증가(감소), 사용권자산
ifrs-full	RightofuseAssets	기말 사용권자산
ifrs-full	InterestExpenseOnLeaseLiabilities	리스부채에 대한 이자비용
ifrs-full	ExpenseRelatingToShorttermLeasesForWhichRecognitionExemptionHasBeenUsed	인식 면제 규정이 적용된 단기리스에 관련되는 비용
ifrs-full	ExpenseRelatingToLeasesOfLowvalueAssetsForWhichRecognitionExemptionHasBeenUsed	인식 면제 규정이 적용된 소액자산 리스에 관련되는 비용
ifrs-full	ExpenseRelatingToVariableLeasePaymentsNotIncludedInMeasurementOfLeaseLiabilities	리스부채 측정에 포함되지 않은 변동리스료에 관련되는 비용
ifrs-full	IncomeFromSubleasingRightofuseAssets	사용권자산의 전대리스에서 생기는 수익
ifrs-full	CashOutflowForLeases	리스 현금유출
ifrs-full	GainsLossesArisingFromSaleAndLeasebackTransactions	판매후리스 거래에서 생기는 손익
ifrs-full	LeaseCommitmentsForShorttermLeasesForWhichRecognitionExemptionHasBeenUsed	인식 면제 규정이 적용된 단기리스에 대한 리스 약정

(3) 최종적으로 다음과 같이 매핑된다.

해당 사례는 각각 3개의 Role로 나누어 재구성하였다.

ⓐ 사용권자산 구성 및 관련 수익

prefix	name	label
ifrs-full	DisclosureOfQuantitativeInformationAboutRightofuseAssetsAbstract	사용권자산에 대한 양적 정보 공시 [개요]
ifrs-full	DisclosureOfQuantitativeInformationAboutRightofuseAssetsTable	사용권자산에 대한 양적 정보 공시 [표]
ifrs-full	ClassesOfAssetsAxis	자산의 분류 [축]
ifrs-full	ClassesOfAssetsMember	자산 [구성요소]
ifrs-full	MachineryMember	기계장치 [구성요소]
ifrs-full	LandAndBuildingsMember	토지와 건물 [구성요소]
ifrs-full	OtherAssetsMember	기타자산 [구성요소]
ifrs-full	CarryingAmountAccumulatedDepreciationAmortisationAndImpairmentAndGrossCarryingAmountAxis	장부금액, 감가상각누계액, 상각누계액 및 손상차손누계액 및 총장부금액 [축]
ifrs-full	CarryingAmountMember	장부금액 [구성요소]
ifrs-full	GrossCarryingAmountMember	총장부금액 [구성요소]
ifrs-full	AccumulatedImpairmentMembe	손상차손누계액 [구성요소]
ifrs-full	DisclosureOfQuantitativeInformationAboutRightofuseAssetsLineItems	사용권자산에 대한 양적 정보 공시 [항목]
ifrs-full	RightofuseAssets	기초 사용권자산
ifrs-full	AdditionsToRightofuseAssets	사용권자산의 추가
ifrs-full	DepreciationRightofuseAssets	사용권자산감가상각비
ifrs-full	RightofuseAssets	기말 사용권자산
ifrs-full	IncomeFromSubleasingRightofuseAssets	사용권자산의 전대리스에서 생기는 수익[24]

24 아래 "ⓒ 리스와 관련한 양적정보 공시"에서와 같이 비용을 기능별 배분하기 위해서 수익은 사용권자산 Dimension에 포함시켜 매핑하였다.

ⓑ 리스부채

prefix	name	label
ifrs-full	LeaseLiabilitiesAbstract	리스부채 [개요]
ifrs-full	CurrentLeaseLiabilities	유동 리스부채
ifrs-full	NoncurrentLeaseLiabilities	비유동 리스부채
ifrs-full	LeaseLiabilities	리스부채 합계

ⓒ 리스와 관련한 양적정보 공시

prefix	name	label
ifrs-full	DisclosureOfQuantitativeInformationAboutLeasesForLesseeAbstract	리스이용자의 리스에 대한 양적 정보 공시 [개요]
entitycode	DisclosureOfQuantitativeInformationAboutLeasesForLesseeTable	리스이용자의 리스에 대한 양적 정보 공시 [표]
ifrs-full	AttributionOfExpensesByNatureToTheirFunctionAxis	성격별 비용의 기능별 배분 [축]
ifrs-full	LineItemsByFunctionMember	기능별 항목 [구성요소]
entitycode	FinanceCostsMember	금융원가 [구성요소]
entitycode	CostOfSalesAndSellingGeneralAndAdministrativeExpenseMember	매출원가 및 관리비 [구성요소]
ifrs-full	CostOfSalesMember	매출원가 [구성요소]
ifrs-full	SellingGeneralAndAdministrativeExpenseMember	판매비와 일반관리비 [구성요소]
entitycode	DisclosureOfQuantitativeInformationAboutLeasesForLesseeLineItems	리스이용자의 리스에 대한 양적 정보 공시 [항목]
ifrs-full	InterestExpenseOnLeaseLiabilities	리스부채에 대한 이자비용
ifrs-full	ExpenseRelatingToShorttermLeasesForWhichRecognitionExemptionHasBeenUsed	인식 면제 규정이 적용된 단기리스에 관련되는 비용
ifrs-full	ExpenseRelatingToLeasesOfLowvalueAssetsForWhichRecognitionExemptionHasBeenUsed	인식 면제 규정이 적용된 소액자산 리스에 관련되는 비용
entitycode	ImpairmentLossReversalOfImpairmentLossRecognisedInProfitOrLossRightforuseAssets	손상차손(손상차손환입)

12. 매입채무 및 기타채무

(1) XBRL 주석 작성할 주석 사례

구 분		당기말	전기말
유동	매입채무	880,744	668,252
	미지급금	105,330	105,265
	미지급비용	218,066	136,496
합 계		1,204,140	910,013
비유동	미지급금	20	-
	미지급비용	4,543	7,218
	임대보증금	5,532	6,469
합 계		10,095	13,687

여기서 유의할 부분은 주석에서는 매입채무 및 기타채무라는 라인아이템개념을 유동과 비유동의 구성요소(member)로 분류하는 것처럼 표로 구성하여 공시하였지만, dart taxonomy에는 유동, 비유동 구성요소로 구분하는 분류법이 없다. dart taxonomy에는 유동/비유동 분류법에서 사용되는 계정과목을 각각 표준 id로 만들어 놓고 있기 때문에 해당 표준 id를 사용하여 평면구조로 매핑하면 된다. 혹시 표준 id가 없는 계정과목이라 하더라도 유동과 비유동의 구성요소를 확장하는 것이 아니라 라인아이템 개념을 확장하여야 한다.

- 주석 내용을 정보별로 분화

주석 내용을 라인아이템 개념과 멤버로 분화하면 다음과 같이 나뉠 수 있다.

■ 라인아이템 개념 8개 : 유동 매입채무, 유동 미지급금, 유동 미지급비용, 유동 매입채무 및 기타채무 합계, 비유동 미지급금, 비유동 미지급비용, 비유동 임대보증금, 비유동 매입채무 및 기타채무 합계

■ 멤버 0개 : -

(2) 주석에 사용될 수 있는 주요한 표준 택사노미 요소 검색

- 태깅하려는 요소와 매핑

이를 태깅하려는 요소(element)와 매핑하면 다음과 같다.

요소(element)	표준 id
유동 매입채무	ifrs-full_TradeAndOtherCurrentPayablesToTradeSuppliers
유동 미지급금	dart_ShortTermOtherPayables
유동 미지급비용	ifrs-full_AccrualsClassifiedAsCurrent
유동 매입채무 및 기타채무 합계	ifrs-full_TradeAndOtherCurrentPayables
비유동 미지급금[25]	ifrs-full_OtherNoncurrentPayables
비유동 미지급비용	ifrs-full_AccrualsClassifiedAsNoncurrent
비유동 임대보증금[26]	-
비유동 매입채무 및 기타채무 합계	ifrs-full_NoncurrentPayables

"[D210000] 재무상태표, 유동/비유동법 - 연결", "[D800100] 주석 - 자산, 부채 및 자본의 세분류 - 연결"을 살펴보면 재무상태표에서 사용할 수 있는 세분류 계정과목을 검색할 수 있다.

본 사례에서는 유동 미지급금의 id를 "dart_ShortTermOtherPayables"을 선택하였지만, 참고로 미지급금으로 검색되는 ifrs-taxonomy에 대한 라인아이템 개념은 다음과 같다. 회사에서 분류하고 있는 미지급금 개념이 기타유동미지급금과 유사하다면, "OtherCurrentPayables"을 사용할 수도 있을 것이다.

prefix	name	label
ifrs-full	CurrentValueAddedTaxPayables	유동 부가가치세 미지급금
ifrs-full	CurrentRetentionPayables	유동 보류미지급금
ifrs-full	OtherCurrentPayables	기타 유동 미지급금

25 장기미지급금으로 검색되는 id "dart_LongTermOtherPayablesGross"은 총액개념 id이므로 ifrs id를 선택하였다.

26 장기임대보증금으로 검색되는 id "dart_LongTermGuaranteeDepositRentGross:은 총액개념 id이므로 확장하였다.

(3) 최종적으로 다음과 같이 매핑된다.

prefix	name	label
entitycode	DisclosureOfTradeAndOtherPayablesAbstract	매입채무 및 기타채무에 대한 공시 [개요]
ifrs-full	TradeAndOtherCurrentPayablesToTradeSuppliers	유동매입채무
dart	ShortTermOtherPayables	단기미지급금
ifrs-full	AccrualsClassifiedAsCurrent	유동으로 분류되는 미지급비용
ifrs-full	TradeAndOtherCurrentPayables	유동채무 합계
ifrs-full	OtherNoncurrentPayables	기타 비유동 미지급금
ifrs-full	AccrualsClassifiedAsNoncurrent	비유동으로 분류되는 미지급비용
entitycode	LongTermGuaranteeDepositRent	장기임대보증금, 순액
ifrs-full	NoncurrentPayables	매입채무 및 기타비유동채무 합계

13. 차입금

(1) XBRL 주석 작성할 주석 사례

나. 당기말과 전기말 현재 장기차입금의 내역은 다음과 같습니다(단위:백만원).

차입처	내 역	당기말 현재 연이자율(%)	당기말	전기말
국민은행 등	장기자금	3.39 ~ 8.31	425,950	182,000
건설공제조합	운용자금	1.10	20,416	-
주택도시보증공사	장기자금	-	9,540	9,974
농협은행 등(*)	재매입약정	6.50	53,826	-
교정공제회	옵션부 지분투자	-	-	8,100
차감 : 유동성장기부채			(179,617)	(90,667)
차감 : 현재가치할인차금			(4,609)	(4,948)
합 계			325,506	104,459

- 주석 내용을 정보별로 분화

주석 내용을 라인아이템 개념과 멤버로 분화하면 다음과 같이 나뉠 수 있다.

> ■ 라인아이템 개념 6개 : 장기차입금(총액), 유동성 장기부채, 현재가치할인차금, 장기차입금(순액), 이자율, 차입처
> ■ 멤버 9개 : {변동이자율, 고정이자율}, {하위, 상위}, {장기차입금1, 장기차입금2, 장기차입금3, 장기차입금4, 장기차입금5}

여기서 유의할 점은 다음과 같다.

ⓐ 차입처 별로 공시된 금액은 장기차입금의 총액(현재가치할인차금 차감 전 총액)이므로 id는 "dart_LongTermBorrowingsGross"를 선택하여야 한다.

ⓑ 차입처 분류로 "국민은행 등"부터 "교정공제회"까지의 멤버를 장기차입금1부터 장기차입금5까지로 확장했는데, 차입처의 명칭이 중복되지 않으므로 차입처의 명칭을 멤버로 확장하여도 되겠다.

ⓒ 이자율은 고정이자율 또는 변동이자율을 구분하여 태깅하는 것이 좋으며, 범위로 이자율이 공시되는 경우에는 범위 축(RangeAxis)을 사용한다.

(2) 주석에 사용될 수 있는 주요한 표준 택사노미 요소 검색

- 태깅하려는 요소와 매핑

이를 태깅하려는 요소(element)와 매핑하면 다음과 같다.

요소(element)	표준 id
장기차입금(총액)	dart_LongTermBorrowingsGross
유동성장기부채	ifrs-full_CurrentPortionOfLongtermBorrowings
현재가치할인차금	dart_PresentValueDiscountsLongTermBorrowingsGross
장기차입금(순액)	ifrs-full_LongtermBorrowings
이자율	ifrs-full_BorrowingsInterestRate
차입처	-
변동이자율 멤버	FloatingInterestRateMember
고정이자율 멤버	FixedInterestRateMember
하위 범위 멤버	BottomOfRangeMember
상위 범위 멤버	TopOfRangeMember
장기차입금1 멤버	-
[이하 생략]	

(3) 최종적으로 다음과 같이 매핑된다.

prefix	name	label
ifrs-full	DisclosureOfDetailedInformationAboutBorrowingsAbstract	차입금에 대한 세부 정보 공시 [개요]
ifrs-full	DisclosureOfDetailedInformationAboutBorrowingsTable	차입금에 대한 세부 정보 공시 [표]
ifrs-full	BorrowingsByNameAxis	차입금명칭 [축]
ifrs-full	BorrowingsByNameMember	차입금명칭 [구성요소]
entitycode	LongtermBorrowings1Member	장기차입금 1 [구성요소]
entitycode	LongtermBorrowings2Member	장기차입금 2 [구성요소]
entitycode	LongtermBorrowings3Member	장기차입금 3 [구성요소]
entitycode	LongtermBorrowings4Member	장기차입금 4 [구성요소]
entitycode	LongtermBorrowings2Member	장기차입금 5 [구성요소]
ifrs-full	TypesOfInterestRatesAxis	이자율 유형 [축]
ifrs-full	InterestRateTypesMember	이자율 유형 [구성요소]
ifrs-full	FloatingInterestRateMember	변동이자율 [구성요소]
ifrs-full	FixedInterestRateMember	고정이자율 [구성요소]
ifrs-full	RangeAxis	범위 [축]
ifrs-full	RangesMember	범위 [구성요소]
ifrs-full	BottomOfRangeMember	하위범위 [구성요소]
ifrs-full	TopOfRangeMember	상위범위 [구성요소]
ifrs-full	DisclosureOfDetailedInformationAboutBorrowingsLineItems	차입금에 대한 세부 정보 공시 [항목]
ifrs-full	BorrowingsInterestRate	차입금, 이자율
dart	LongTermBorrowingsGross	장기차입금
ifrs-full	CurrentPortionOfLongtermBorrowings	비유동차입금의 유동성 대체 부분
dart	PresentValueDiscountsLongTermBorrowingsGross	현재가치할인차금, 장기차입금
entitycode	Lender	차입처

한편, 연이자율이 다음과 같이 공시되는 경우는 다음의 라인아이템을 사용한다.

연이자율
3 Month SOFR +2.5%
3 Month SOFR +1.75%

prefix	name	label
ifrs-full	BorrowingsInterestRateBasis	차입금, 기준이자율
ifrs-full	BorrowingsAdjustmentToInterestRateBasis	차입금, 기준이자율 조정

"ifrs-full_BorrowingsInterestRateBasis"는 "stringItemType"이기 때문에 "3 Month SOFR"를 태깅할 수 있고, "ifrs-full_BorrowingsAdjustmentToInterestRateBasis"는 "percentItemType "이기 때문에 "0.025"로 태깅할 수 있다.

14. 종업원급여

(1) XBRL 주석 작성할 주석 사례

다. 당기와 전기 중 확정급여채무 현재가치의 변동내역은 다음과 같습니다(단위:백만원).

구 분	당기	전기
기초금액	96,224	105,582
당기근무원가	12,153	11,945
이자비용	2,365	1,761
퇴직급여지급액	(17,192)	(13,414)
재측정요소:		
- 인구통계적가정의 변동으로 인한 보험수리적손익	108	(13)
- 재무적가정의 변동으로 인한 보험수리적손익	(14,717)	(3,820)
- 경험적조정으로 인한 보험수리적손익	2,800	(5,340)
전입(전출)에 따른 변동	(498)	(477)
기말금액	81,243	96,224

라. 당기와 전기 중 사외적립자산 공정가치의 변동내역은 다음과 같습니다(단위:백만원).

구 분	당기	전기
기초금액	90,544	90,812
이자수익	2,218	1,582
사용자의 기여금	19,301	13,047
퇴직급여지급액	(15,633)	(13,472)
재측정요소:		
- 사외적립자산의 수익(이자수익에 포함된 금액 제외)	(486)	(1,423)
전입(전출)에 따른 변동	(171)	(2)
기말금액	95,773	90,544

"[D834480] 주석 - 종업원급여 - 연결"을 살펴보면, "ifrs-full_NetDefinedBenefitLiabilityAssetAxis순확정급여부채(자산) [축]"을 사용하여 "ifrs-full_PresentValueOfDefinedBenefitObligationMember(확정급여채무의 현재가치 [구성요소])"와 "ifrs-full_PlanAssetsMember사외적립자산 [구성요소]"를 Dimension구조로 구성하고 있음을 알 수 있다. 따라서, 사례의 주석 "확정급여채무 현재가치의 변동내역"과 "확정급여채무 현재가치의 변동내역"을 하나의 Dimension으로 구성한다.

- 주석 내용을 정보별로 분화

주석 내용을 라인아이템 개념과 멤버로 분화하면 다음과 같이 나뉠 수 있다.

■ 라인아이템 개념 10개 : 순확정급여부채(기초,기말), 당기근무원가, 이자비용, 퇴직급여지급액, 인구통계적가정의 변동으로 인한 보험수리적손익, 재무적가정의 변동으로 인한 보험수리적손익, 경험적조정으로 인한 보험수리적손익, 전입(전출)에 따른 변동, 사용자의 기여금, 자산의 수익(이자수익에 포함된 금액 제외)

■ 멤버 2개 : 확정급여채무의 현재가치, 사외적립자산

라인아이템에서 유의할 점은 사외적립자산의 표에서 공시되는 이자수익, 퇴직급여지급액, 전입(전출)에 따른 변동 이상 3개의 라인아이템 개념은 확정급여채무의 현재가치의 표에서 공시되는 이자비용, 퇴직급여지급액, 전입(전출)에 따른 변동과 같이 사용하므로 사용되는 라인아이템 개념은 10개이다.

(2) 주석에 사용될 수 있는 주요한 표준 택사노미 요소 검색

- 태깅하려는 요소와 매핑

이를 태깅하려는 요소(element)와 매핑하면 다음과 같다.

요소(element)	표준 id
순확정급여부채(기초,기말)	ifrs-full_ChangesInNetDefinedBenefitLiabilityAssetAbstract
당기근무원가	ifrs-full_CurrentServiceCostNetDefinedBenefitLiabilityAsset
이자비용(이자수익)	ifrs-full_InterestExpenseIncomeNetDefinedBenefitLiabilityAsset
퇴직급여지급액	ifrs-full_PaymentsFromPlanNetDefinedBenefitLiabilityAsset
인구통계적가정의 변동으로 인한 보험수리적손익	ifrs-full_ActuarialGainsLossesArisingFromChangesInDemographicAssumptionsNetDefinedBenefitLiabilityAsset
재무적가정의 변동으로 인한 보험수리적손익	ifrs-full_ActuarialGainsLossesArisingFromChangesInFinancialAssumptionsNetDefinedBenefitLiabilityAsset
경험적조정으로 인한 보험수리적손익	ifrs-full_ActuarialGainsLossesArisingFromExperienceAdjustmentsNetDefinedBenefitLiabilityAsset
전입(전출)에 따른 변동	-
사용자의 기여금	ifrs-full_ContributionsToPlanByEmployerNetDefinedBenefitLiabilityAsset
자산의 수익(이자수익에 포함된 금액 제외)	ifrs-full_ReturnOnPlanAssetsNetDefinedBenefitLiabilityAsset
확정급여채무의 현재가치 멤버	ifrs-full_PresentValueOfDefinedBenefitObligationMember
사외적립자산 멤버	ifrs-full_PlanAssetsMember

(3) 최종적으로 다음과 같이 매핑된다.

prefix	name	label
ifrs-full	DisclosureOfNetDefinedBenefitLiabilityAssetAbstract	순확정급여부채(자산)에 대한 공시 [개요]
ifrs-full	DisclosureOfNetDefinedBenefitLiabilityAssetTable	순확정급여부채(자산)에 대한 공시 [표]
ifrs-full	NetDefinedBenefitLiabilityAssetAxis	순확정급여부채(자산) [축]
ifrs-full	NetDefinedBenefitLiabilityAssetMember	순확정급여부채(자산) [구성요소]
ifrs-full	PresentValueOfDefinedBenefitObligationMember	확정급여채무의현재가치[구성요소]
ifrs-full	PlanAssetsMember	사외적립자산[구성요소]
ifrs-full	DisclosureOfNetDefinedBenefitLiabilityAssetLineItems	순확정급여채무(자산)의 공시 [항목]
ifrs-full	LiabilityAssetOfDefinedBenefitPlans	기초순확정급여부채(자산)
ifrs-full	ChangesInNetDefinedBenefitLiabilityAssetAbstract	순확정급여채무(자산)의 변동 [개요]
ifrs-full	CurrentServiceCostNetDefinedBenefitLiabilityAsset	당기근무원가, 순확정급여부채(자산)
ifrs-full	InterestExpenseIncomeNetDefinedBenefitLiabilityAsset	이자비용(수익), 순확정급여부채(자산)
ifrs-full	ContributionsToPlanByEmployerNetDefinedBenefitLiabilityAsset	기업이 제도에 납입한 기여금, 순확정급여부채(자산)
ifrs-full	PaymentsFromPlanNetDefinedBenefitLiabilityAsset	제도에서 지급한 금액, 순확정급여부채(자산)
ifrs-full	ActuarialGainsLossesArisingFromChangesInDemographicAssumptionsNetDefinedBenefitLiabilityAsset	인구통계적가정의 변동에서 발생하는 보험수리적손실(이익), 순 확정급여부채(자산)
ifrs-full	ActuarialGainsLossesArisingFromChangesInFinancialAssumptionsNetDefinedBenefitLiabilityAsset	재무적 가정의 변동에서 발생하는 보험수리적손실(이익), 순 확정급여부채(자산)
ifrs-full	ActuarialGainsLossesArisingFromExperienceAdjustmentsNetDefinedBenefitLiabilityAsset	경험조정에서 발생하는 보험수리적 손실(이익), 순확정급여부채(자산)
ifrs-full	ReturnOnPlanAssetsNetDefinedBenefitLiabilityAsset	이자에 포함된 금액을 제외한 사외적립자산의 수익, 순확정급여부채(자산)
entitycode	Changes due to transfer	전입, 전출에 의한 증가(감소), 순확정급여부채(자산)
ifrs-full	LiabilityAssetOfDefinedBenefitPlans	기말 순확정급여부채(자산)

15. 자본

자본의 경우 Dimension 구조이기 보다 평면구조가 대부분이거나, 회사별로 다양하므로 dart taxonomy에서 해당 presentation linkbase에서 주요한 공시사항을 소개하기로 한다.

(1) 자본금([D861200] 주석 - 자본금, 적립금, 기타지분 - 연결)

prefix	name	label
ifrs-full	DisclosureOfClassesOfShareCapitalAbstract	주식의 분류에 대한 공시 [개요]
ifrs-full	DisclosureOfClassesOfShareCapitalTable	주식의 분류에 대한 공시 [표]
ifrs-full	ClassesOfShareCapitalAxis	주식의 종류 [축]
ifrs-full	ClassesOfShareCapitalMember	주식 [구성요소]
ifrs-full	OrdinarySharesMember	보통주 [구성요소]
ifrs-full	PreferenceSharesMember	우선주 [구성요소]
ifrs-full	DisclosureOfClassesOfShareCapitalLineItems	주식의 분류에 대한 공시 [항목]
ifrs-full	NumberOfSharesAuthorised	수권주식수
ifrs-full	NumberOfSharesIssuedAbstract	발행주식수 [개요]
ifrs-full	NumberOfSharesIssuedAndFullyPaid	납입완료 발행주식수
ifrs-full	NumberOfSharesIssuedButNotFullyPaid	납입미완료 발행주식수
ifrs-full	NumberOfSharesIssued	총 발행주식수
ifrs-full	ParValuePerShare	주당 액면가액

(2) 주식기준보상약정([D834120] 주석 - 주식기준보상 - 연결)

prefix	name	label
ifrs-full	DateOfGrantOfSharebasedPaymentArrangement	주식기준보상약정의 부여일
ifrs-full	NumberOfInstrumentsGrantedInSharebasedPaymentArrangement	주식기준보상약정에 따라 부여된 금융상품의 수량
ifrs-full	DescriptionOfMaximumTermOfOptionsGrantedForSharebasedPaymentArrangement	주식기준보상약정에 따라 부여된 주식선택권의 최장만기에 대한 기술
ifrs-full	WeightedAverageSharePriceShareOptionsGranted2019	가중평균 주가, 부여한 주식선택권
ifrs-full	ExercisePriceShareOptionsGranted2019	행사가격, 부여한 주식선택권
ifrs-full	DescriptionOfExpectedVolatilityShareOptionsGranted	기대주가변동성, 부여한 주식선택권
ifrs-full	DescriptionOfRiskFreeInterestRateShareOptionsGranted	무위험이자율, 부여한 주식선택권

16. 비용의 성격별 분류

비용의 성격별 분류의 경우 Dimension 구조이기 보다 평면구조가 대부분이며, 계정과목 선택이 주요한 결정사항이므로 해당 공시의 주요한 공시사항을 소개하기로 한다.

성격별 비용([D800200] 주석 - 수익과 비용 분석 - 연결)

prefix	name	label
ifrs-full	ExpenseByNatureAbstract	성격별 비용 [개요]
ifrs-full	RawMaterialsAndConsumablesUsed	원재료와 소모품의 사용액
ifrs-full	CostOfMerchandiseSold	상품매출원가
ifrs-full	CostOfPurchasedEnergySold	매입에너지 매출원가
ifrs-full	ServicesExpense	용역비
ifrs-full	InsuranceExpense	보험료
ifrs-full	ProfessionalFeesExpense	전문용역수수료
ifrs-full	TransportationExpense	운송료
ifrs-full	BankAndSimilarCharges	은행수수료
ifrs-full	EnergyTransmissionCharges	에너지전송료
ifrs-full	TravelExpense	여비
ifrs-full	CommunicationExpense	통신비
ifrs-full	UtilitiesExpense	공공요금비용

17. 판매비와 관리비

비용의 성격별 분류의 경우 Dimension 구조이기 보다 평면구조가 대부분이며, 계정과목 선택이 주요한 결정사항이므로 해당 공시의 주요한 공시사항을 소개하기로 한다.

성격별 비용([D800200] 주석 - 수익과 비용 분석 - 연결)

prefix	name	label
dart	TotalSellingGeneralAdministrativeExpenses	판매비와관리비
dart	SalariesWages	급여, 판관비
dart	BonusSellingGeneralAdministrativeExpenses	상여, 판관비
dart	ProvisionForSeveranceIndemnities	퇴직급여, 판관비
dart	TerminationBenefits	해고급여, 판관비
dart	EmployeeBenefitsSellingGeneralAdministrativeExpenses	복리후생비, 판관비
dart	InsurancePremiumsSellingGeneralAdministrativeExpenses	보험료, 판관비
dart	DepreciationExpenseSellingGeneralAdministrativeExpenses	감가상각비, 판관비
dart	AmortisationExpenseSellingGeneralAdministrativeExpenses	무형자산상각비, 판관비
dart	BadDebtExpensesSellingGeneralAdministrativeExpenses	대손상각비(대손충당금 환입), 판관비
dart	CommissionsSellingGeneralAdministrativeExpenses	지급수수료, 판관비
dart	AdvertisingExpensesSellingGeneralAdministrativeExpenses	광고선전비, 판관비
dart	TrainingExpensesSellingGeneralAdministrativeExpenses	교육훈련비, 판관비
dart	VehicleMaintenanceExpensesSellingGeneralAdministrativeExpens es	차량유지비, 판관비
dart	PublicationExpensesSellingGeneralAdministrativeExpenses	도서인쇄비, 판관비
dart	EntertainmentExpensesSellingGeneralAdministrativeExpenses	접대비, 판관비
dart	RentalExpensesSellingGeneralAdministrativeExpenses	임차료, 판관비
dart	CommunicationExpensesSellingGeneralAdministrativeExpenses	통신비, 판관비
dart	FreightExpensesSellingGeneralAdministrativeExpenses	운반비, 판관비
dart	TaxesDuesSellingGeneralAdministrativeExpenses	세금과공과, 판관비
dart	SupplyExpensesSellingGeneralAdministrativeExpenses	소모품비, 판관비
dart	UtilityExpensesSellingGeneralAdministrativeExpenses	수도광열비, 판관비
dart	RepairExpensesSellingGeneralAdministrativeExpenses	수선비, 판관비
dart	OrdinaryDevelopmentExpenseSellingGeneralAdministrativeExpen ses	경상개발비, 판관비

다만, 해당 dart taxonomy는 손익계산서 본문에 판관비 하위로 해당 계정과목을 공시하는 경우 매출원가와의 중복 문제를 해결하기 위해서 생성한 것이므로, 주석에서는 Dimension구조로 공시하는 방법을 검토해 보는 것이 권장된다.

Dimension구조로 공시하는 경우 "AttributionOfExpensesByNatureToTheirFunctionAxis(성격별 비용의 기능별 배분 [축])"을 사용하고, "LineItemsByFunctionMember"

하위로 "SellingGeneralAndAdministrativeExpenseMember(판매비와 일반관리비[구성요소])"로 Dimension의 열을 구성하고, 판관비가 붙지 않은 비용 id(예 : ifrs-full_DepreciationExpense)를 라인아이템 개념으로 사용하면 된다.

18. 법인세비용(이연법인세)

법인세비용과 관련하여 공시되는 일반적인 양식의 세부 종류별로 매핑과정을 설명하기로 한다.

1) 법인세비용 구성내역

(1) XBRL 주석 작성할 주석 사례

(단위: 백만원)

구분	당기	전기
당기법인세비용(수익)		
당기법인세	206,465	199,591
과거기간 당기법인세에 대하여 인식한 조정사항	(59,484)	163,570
소계	146,981	363,161
이연법인세비용(수익)		
일시적차이 등의 발생과 소멸	(842,529)	60,233
미인식 이연법인세자산의 변동(*)	457,763	(38,053)
소계	(384,766)	22,180
총 법인세비용(수익)	(237,785)	385,341

- 주석 내용을 정보별로 분화

주석 내용을 라인아이템 개념과 멤버로 분화하면 다음과 같이 나뉠 수 있다.

■ 라인아이템 개념 7개 : 당기법인세비용(수익), 당기법인세, 과거기간 당기법인세에 대하여 인식한 조정사항, 이연법인세비용(수익), 일시적차이 등의 발생과 소멸, 미인식 이연법인세자산의 변동, 총 법인세비용(수익)

■ 멤버 0개 :

(2) 주석에 사용될 수 있는 주요한 표준 택사노미 요소 검색

- 태깅하려는 요소와 매핑

이를 태깅하려는 요소(element)와 매핑하면 다음과 같다.

요소(element)	표준 id
당기법인세	ifrs-full_CurrentTaxExpenseIncome
과거기간 당기법인세에 대하여 인식한 조정사항	ifrs-full_AdjustmentsForCurrentTaxOfPriorPeriod
당기법인세비용(수익)	ifrs-full_CurrentTaxExpenseIncomeAndAdjustmentsForCurrentTaxOfPriorPeriods
일시적차이 등의 발생과 소멸	ifrs-full_DeferredTaxExpenseIncomeRelatingToOriginationAndReversalOfTemporaryDifferences
미인식 이연법인세자산의 변동	ifrs-full_AdjustmentsForDeferredTaxOfPriorPeriods
이연법인세비용(수익)	ifrs-full_DeferredTaxExpenseIncome
총 법인세비용(수익)	ifrs-full_IncomeTaxExpenseContinuingOperations

(3) 최종적으로 다음과 같이 매핑된다.

prefix	name	label
ifrs-full	MajorComponentsOfTaxExpenseIncomeAbstract	법인세비용(수익)의 주요 구성요소 [개요]
ifrs-full	CurrentTaxExpenseIncomeAndAdjustmentsForCurrentTaxOfPriorPeriodsAbstract	당기법인세비용(수익) 및 과거기간의 당기법인세 조정 [개요]
ifrs-full	CurrentTaxExpenseIncome	당기법인세비용(수익)
ifrs-full	AdjustmentsForCurrentTaxOfPriorPeriod	과거기간의 당기법인세 조정
ifrs-full	CurrentTaxExpenseIncomeAndAdjustmentsForCurrentTaxOfPriorPeriods	당기법인세비용(수익) 및 과거기간의 당기법인세 조정 합계
ifrs-full	DeferredTaxExpenseIncomeAbstract	이연법인세비용(수익) [개요]
ifrs-full	DeferredTaxExpenseIncomeRelatingToOriginationAndReversalOfTemporaryDifferences	일시적차이의 발생과 소멸로 인한 이연법인세비용(수익)
ifrs-full	AdjustmentsForDeferredTaxOfPriorPeriods	과거기간의 이연법인세 조정
ifrs-full	DeferredTaxExpenseIncome	이연법인세비용(수익)
ifrs-full	IncomeTaxExpenseContinuingOperations	법인세비용(수익) 합계

2) 자본에 가감한 법인세 비용

(1) XBRL 주석 작성할 주석 사례

(2) 당기와 전기 중 자본에 가감한 법인세비용은 다음과 같습니다.

(단위: 백만원)						
구분	당기			전기		
	세전	법인세수익(비용)	세후	세전	법인세비용	세후
순확정급여제도의 재측정요소	165,864	(43,503)	122,361	(220,801)	57,438	(163,363)
파생상품평가손익	12,495	(3,268)	9,227	(12,495)	3,268	(9,227)
해외사업환산손익	(80,718)	(245)	(80,963)	871,292	(1,503)	869,789
지분법자본변동	(11,603)	1,925	(9,678)	6,364	(1,951)	4,413
합계	86,038	(45,091)	40,947	644,360	57,252	701,612

여기서 유의할 점은 표 형식으로 Dimension 구조로 매핑해야 할 것 같지만, dart taxonomy에서는 세전, 법인세효과, 세후에 대해서 각각의 개념을 만들어 id를 생성해 놓고 있기 때문에 해당 id를 사용하여 평면 구조로 만들어야 한다.

다음은 "[D431420] 단일 포괄손익계산서, 기능별 분류, 세전 - 연결"에 나오는 "세전 기타포괄손익" 개념들이다.

prefix	name	label
ifrs-full	OtherComprehensiveIncome	기타포괄손익
ifrs-full	OtherComprehensiveIncomeThatWillNotBeReclassifiedToProfitOrLossBeforeTax	당기손익으로 재분류되지 않는 항목(세전기타포괄손익)
ifrs-full	OtherComprehensiveIncomeBeforeTaxGainsLossesOnRevaluation	자산재평가손익(세전기타포괄손익)
ifrs-full	OtherComprehensiveIncomeBeforeTaxGainsLossesOnRemeasurementsOfDefinedBenefitPlans	확정급여제도의 재측정손익(세전기타포괄손익)
ifrs-full	ShareOfOtherComprehensiveIncomeOfAssociatesAndJointVenturesAccountedForUsingEquityMethodThatWillNotBeReclassifiedToProfitOrLossBeforeTax	지분법 적용대상 관계기업과 공동기업의 기타포괄손익에 대한 지분(세전기타포괄손익)

prefix	name	label
ifrs-full	OtherComprehensiveIncomeBeforeTaxGainsLossesFromInvestmentsInEquityInstruments	세전기타포괄손익, 지분상품에 대한 투자자산
ifrs-full	IncomeTaxRelatingToComponentsOfOtherComprehensiveIncomeThatWillNotBeReclassifiedToProfitOrLoss	당기손익으로 재분류되지 않는 항목과 관련된 법인세
ifrs-full	OtherComprehensiveIncomeThatWillBeReclassifiedToProfitOrLossBeforeTax	당기손익으로 재분류될 수 있는 항목(세전기타포괄손익)
ifrs-full	GainsLossesOnExchangeDifferencesOnTranslationBeforeTax	해외사업장환산외환차이(세전기타포괄이익)
ifrs-full	ReclassificationAdjustmentsOnExchangeDifferencesOnTranslationBeforeTax	외화환산외환차이의 세전재분류조정
ifrs-full	GainsLossesOnRemeasuringAvailableforsaleFinancialAssetsBeforeTax	매도가능금융자산평가손익(세전기타포괄손익)
ifrs-full	ReclassificationAdjustmentsOnAvailableforsaleFinancialAssetsBeforeTax	매도가능금융자산의 세전재분류조정
ifrs-full	GainsLossesOnFinancialAssetsMeasuredAtFairValueThroughOtherComprehensiveIncomeBeforeTax	기타포괄손익-공정가치로 측정되는 금융자산의 세전차손익
ifrs-full	ReclassificationAdjustmentsOnFinancialAssetsMeasuredAtFairValueThroughOtherComprehensiveIncomeBeforeTax	기타포괄손익-공정가치로 측정되는 금융자산의 재분류 조정, 세전
ifrs-full	AmountsRemovedFromEquityAndAdjustedAgainstFairValueOfFinancialAssetsOnReclassificationOutOfFairValueThroughOtherComprehensiveIncomeMeasurementCategoryBeforeTax	금융자산이 기타포괄손익-공정가치 측정범주에서 다른 측정범주로 재분류될 때의 세전자본차감액과 공정가치조정액
ifrs-full	GainsLossesOnCashFlowHedgesBeforeTax	현금흐름위험회피손익(세전기타포괄손익)
ifrs-full	ReclassificationAdjustmentsOnCashFlowHedgesBeforeTax	현금흐름위험회피의 세전재분류조정
ifrs-full	GainsLossesOnHedgesOfNetInvestmentsInForeignOperationsBeforeTax	해외사업장순투자의 위험회피손익(세전기타포괄손익)
ifrs-full	ReclassificationAdjustmentsOnHedgesOfNetInvestmentsInForeignOperationsBeforeTax	해외사업장순투자의 위험회피의 세전재분류조정
ifrs-full	ShareOfOtherComprehensiveIncomeOfAssociatesAndJointVenturesAccountedForUsingEquityMethodThatWillBeReclassifiedToProfitOrLossBeforeTax	지분법 적용대상 관계기업과 공동기업의 기타포괄손익에 대한 지분(세전기타포괄손익)
ifrs-full	GainsLossesOnChangeInValueOfTimeValueOfOptionsBeforeTax	옵션의 시간가치 변동 세전이익(손실)
ifrs-full	ReclassificationAdjustmentsOnChangeInValueOfTimeValueOfOptionsBeforeTax	옵션의 시간가치 변동 세전재분류조정

prefix	name	label
ifrs-full	GainsLossesOnChangeInValueOfForwardElementsOfForwardContractsBeforeTax	선도계약의 선도요소 가치 변동 세전이익(손실)
ifrs-full	ReclassificationAdjustmentsOnChangeInValueOfForwardElementsOfForwardContractsBeforeTax	선도계약의 선도요소 가치 변동 세전재분류조정
ifrs-full	GainsLossesOnChangeInValueOfForeignCurrencyBasisSpreadsBeforeTax	외화베이시스스프레드 변동 세전이익(손실)
ifrs-full	ReclassificationAdjustmentsOnChangeInValueOfForeignCurrencyBasisSpreadsBeforeTax	외화베이시스스프레드 변동 세전재분류조정

다음은 "[D835110] 주석 - 법인세 - 연결"에 나오는 "기타포괄손익의 각 구성요소와 관련된 법인세" 개념들이다.

prefix	name	label
dart	IncomeTaxRelatingToComponentsOfOtherComprehensiveIncomeLineItems	기타포괄손익의 각 구성요소와 관련된 법인세 [항목]
ifrs-full	IncomeTaxRelatingToExchangeDifferencesOnTranslationOfOtherComprehensiveIncome	기타포괄손익에 포함되는, 해외사업장환산외환차이에 관련되는 법인세
ifrs-full	IncomeTaxRelatingToExchangeDifferencesOnTranslationOtherThanTranslationOfForeignOperationsIncludedInOtherComprehensiveIncome	기타포괄손익에 포함되는, 해외사업장환산외의 외환차이와 관련되는 법인세
ifrs-full	IncomeTaxRelatingToAvailableforsaleFinancialAssetsOfOtherComprehensiveIncome	기타포괄손익에 포함되는, 매도가능금융자산에 관련되는 법인세
ifrs-full	IncomeTaxRelatingToCashFlowHedgesOfOtherComprehensiveIncome	기타포괄손익에 포함되는, 현금흐름위험회피에 관련되는 법인세
ifrs-full	IncomeTaxRelatingToChangesInRevaluationSurplusOfOtherComprehensiveIncome	기타포괄손익에 포함되는, 재평가잉여금 변동에 관련되는 법인세
ifrs-full	IncomeTaxRelatingToRemeasurementsOfDefinedBenefitPlansOfOtherComprehensiveIncome	기타포괄손익에 포함되는, 확정급여제도의 재측정에 관련되는 법인세
ifrs-full	IncomeTaxRelatingToInvestmentsInEquityInstrumentsOfOtherComprehensiveIncome	기타포괄손익에 포함되는, 지분상품에 대한 투자자산에 관련되는 법인세
ifrs-full	IncomeTaxRelatingToHedgesOfNetInvestmentsInForeignOperationsOfOtherComprehensiveIncome	기타포괄손익에 포함되는, 해외사업장순투자 위험회피에 관련되는 법인세

prefix	name	label
ifrs-full	IncomeTaxRelatingToChangesInFairValueOfFinancialLiabilityAttributableToChangeInCreditRiskOfLiabilityOfOtherComprehensiveIncome	기타포괄손익에 포함되는, 부채의 신용위험 변동에 기인하는 공정가치 변동에 관련되는 법인세
ifrs-full	IncomeTaxRelatingToHedgesOfInvestmentsInEquityInstrumentsOfOtherComprehensiveIncome	기타포괄손익에 포함되는, 지분상품에 대한 투자자산 위험회피에 관련되는 법인세
ifrs-full	IncomeTaxRelatingToChangeInValueOfTimeValueOfOptionsOfOtherComprehensiveIncome	기타포괄손익에 포함되는, 옵션의 시간가치 변동에 관련되는 법인세
ifrs-full	IncomeTaxRelatingToChangeInValueOfForwardElementsOfForwardContractsOfOtherComprehensiveIncome	기타포괄손익에 포함되는, 선도계약의 선도요소 가치 변동에 관련되는 법인세
ifrs-full	IncomeTaxRelatingToChangeInValueOfForeignCurrencyBasisSpreadsOfOtherComprehensiveIncome	기타포괄손익에 포함되는, 외화 베이시스 스프레드 변동에 관련되는 법인세
ifrs-full	IncomeTaxRelatingToFinancialAssetsMeasuredAtFairValueThroughOtherComprehensiveIncome	기타포괄손익에 포함되는, 기타포괄손익-공정가치 측정 금융자산에 관련되는 법인세
ifrs-full	IncomeTaxRelatingToInsuranceFinanceIncomeExpensesFromInsuranceContractsIssuedOfOtherComprehensiveIncomeThatWillBeReclassifiedToProfitOrLoss	기타포괄손익에 포함되고 당기손익으로 재분류될, 보험금융수익(비용)에 관련되는 법인세
ifrs-full	IncomeTaxRelatingToInsuranceFinanceIncomeExpensesFromInsuranceContractsIssuedOfOtherComprehensiveIncomeThatWillNotBeReclassifiedToProfitOrLoss	기타포괄손익에 포함되나 당기손익으로 재분류되지는 않을, 보험금융수익(비용) 관련 법인세
ifrs-full	IncomeTaxRelatingToFinanceIncomeExpensesFromReinsuranceContractsHeldOfOtherComprehensiveIncome	기타포괄손익에 포함되는, 보유재보험계약 금융수익(비용)에 관련되는 법인세
ifrs-full	IncomeTaxRelatingToComponentsOfOtherComprehensiveIncome	기타포괄손익의 각 구성요소와 관련된 법인세 합계

[D432410] 단일 포괄손익계산서, 성격별 분류, 세후 - 연결

prefix	name	label
ifrs-full	OtherComprehensiveIncome	기타포괄손익
ifrs-full	OtherComprehensiveIncomeThatWillNotBeReclassifiedToProfitOrLossNetOfTax	당기손익으로 재분류되지 않는항목(세후기타포괄손익)
ifrs-full	OtherComprehensiveIncomeNetOfTaxGainsLossesOnRevaluation	자산재평가손익(세후기타포괄손익)
ifrs-full	OtherComprehensiveIncomeNetOfTaxGainsLossesOnRemeasurementsOfDefinedBenefitPlans	확정급여제도의 재측정손익(세후기타포괄손익)
ifrs-full	ShareOfOtherComprehensiveIncomeOfAssociatesAndJointVenturesAccountedForUsingEquityMethodThatWillNotBeReclassifiedToProfitOrLossNetOfTax	지분법 적용대상 관계기업과 공동기업의 기타포괄손익에 대한 지분(세후기타포괄손익)
ifrs-full	OtherComprehensiveIncomeNetOfTaxGainsLossesFromInvestmentsInEquityInstruments	세후기타포괄손익, 지분상품에 대한 투자자산
ifrs-full	OtherComprehensiveIncomeThatWillBeReclassifiedToProfitOrLossNetOfTax	당기손익으로 재분류될 수 있는 항목(세후기타포괄손익)
ifrs-full	GainsLossesOnExchangeDifferencesOnTranslationNetOfTax	해외사업장환산외환차이(세후기타포괄손익)
ifrs-full	ReclassificationAdjustmentsOnExchangeDifferencesOnTranslationNetOfTax	외화환산외환차이의 세후재분류조정
ifrs-full	GainsLossesOnRemeasuringAvailableforsaleFinancialAssetsNetOfTax	매도가능금융자산평가손익(세후기타포괄손익)
ifrs-full	ReclassificationAdjustmentsOnAvailableforsaleFinancialAssetsNetOfTax	매도가능금융자산의 세후재분류조정
ifrs-full	GainsLossesOnFinancialAssetsMeasuredAtFairValueThroughOtherComprehensiveIncomeNetOfTax	기타포괄손익-공정가치로 측정되는 금융자산의 세후차손익
ifrs-full	ReclassificationAdjustmentsOnFinancialAssetsMeasuredAtFairValueThroughOtherComprehensiveIncomeNetOfTax	기타포괄손익-공정가치로 측정되는 금융자산의 세후재분류조정
ifrs-full	AmountsRemovedFromEquityAndAdjustedAgainstFairValueOfFinancialAssetsOnReclassificationOutOfFairValueThroughOtherComprehensiveIncomeMeasurementCategoryNetOfTax	금융자산이 기타포괄손익-공정가치 측정범주에서 다른 측정범주로 재분류될 때의 세후 자본차감액과 공정가치조정액
ifrs-full	GainsLossesOnCashFlowHedgesNetOfTax	현금흐름위험회피손익(세후기타포괄손익)

prefix	name	label
ifrs-full	ReclassificationAdjustmentsOnCashFlowHedgesNetOfTax	현금흐름위험회피의 세후재분류조정
ifrs-full	GainsLossesOnHedgesOfNetInvestmentsInForeignOperationsNetOfTax	해외사업장순투자의 위험회피손익(세후기타포괄손익)
ifrs-full	ReclassificationAdjustmentsOnHedgesOfNetInvestmentsInForeignOperationsNetOfTax	해외사업장순투자의 위험회피의 세후재분류조정
ifrs-full	ShareOfOtherComprehensiveIncomeOfAssociatesAndJointVenturesAccountedForUsingEquityMethodThatWillBeReclassifiedToProfitOrLossNetOfTax	지분법 적용대상 관계기업과 공동기업의 기타포괄손익에 대한 지분(세후기타포괄손익)
ifrs-full	GainsLossesOnChangeInValueOfTimeValueOfOptionsNetOfTax	옵션의 시간가치 변동 세후이익(손실)
ifrs-full	ReclassificationAdjustmentsOnChangeInValueOfTimeValueOfOptionsNetOfTax	옵션의 시간가치 변동 세후재분류조정
ifrs-full	GainsLossesOnChangeInValueOfForwardElementsOfForwardContractsNetOfTax	선도계약의 선도요소 가치 변동 세후이익(손실)
ifrs-full	ReclassificationAdjustmentsOnChangeInValueOfForwardElementsOfForwardContractsNetOfTax	선도계약의 선도요소 가치 변동 세후재분류조정
ifrs-full	GainsLossesOnChangeInValueOfForeignCurrencyBasisSpreadsNetOfTax	외화베이시스스프레드 변동 세후이익(손실)
ifrs-full	ReclassificationAdjustmentsOnChangeInValueOfForeignCurrencyBasisSpreadsNetOfTax	외화베이시스스프레드 변동 세후재분류조정

- 주석 내용을 정보별로 분화

주석 내용을 라인아이템 개념과 멤버로 분화하면 다음과 같이 나뉠 수 있다.

■ 라인아이템 개념 15개 : 순확정급여제도의 재측정요소(세전), 순확정급여제도의 재측정요소(법인세), 순확정급여제도의 재측정요소(세후), 파생상품평가손익(세전), 파생상품평가손익(법인세), 파생상품평가손익(세후), 해외사업환산손익(세전), 해외사업환산손익(법인세), 해외사업환산손익(세후), 지분법자본변동(세전), 지분법자본변동(법인세), 지분법자본변동(세후), 기타포괄손익(세전), 기타포괄손익(법인세), 기타포괄손익(세후)

■ 멤버 0개 :

(2) 주석에 사용될 수 있는 주요한 표준 택사노미 요소 검색

- 태깅하려는 요소와 매핑

이를 태깅하려는 요소(element)와 매핑하면 다음과 같다.

요소(element)	표준 id
순확정급여제도의 재측정요소(세전)	ifrs-full_OtherComprehensiveIncomeBeforeTaxGainsLossesOnRemeasurementsOfDefinedBenefitPlans
순확정급여제도의 재측정요소(법인세)	ifrs-full_IncomeTaxRelatingToRemeasurementsOfDefinedBenefitPlansOfOtherComprehensiveIncome
순확정급여제도의 재측정요소(세후)	ifrs-full_OtherComprehensiveIncomeNetOfTaxGainsLossesOnRemeasurementsOfDefinedBenefitPlans
파생상품평가손익(세전)	-
파생상품평가손익(법인세)	-
파생상품평가손익(세후)	-
해외사업환산손익(세전)	ifrs-full_OtherComprehensiveIncomeBeforeTaxExchangeDifferencesOnTranslation
해외사업환산손익(법인세)	ifrs-full_IncomeTaxRelatingToExchangeDifferencesOnTranslationOfOtherComprehensiveIncom
해외사업환산손익(세후)	ifrs-full_OtherComprehensiveIncomeNetOfTaxExchangeDifferencesOnTranslation
지분법자본변동(세전)	ifrs-full_ShareOfOtherComprehensiveIncomeOfAssociatesAndJointVenturesAccountedForUsingEquityMethodBeforeTax
지분법자본변동(법인세)	ifrs-full_IncomeTaxRelatingToShareOfOtherComprehensiveIncomeOfAssociatesAndJointVenturesAccountedForUsingEquityMethod
지분법자본변동(세후)	ifrs-full_ShareOfOtherComprehensiveIncomeOfAssociatesAndJointVenturesAccountedForUsingEquityMethod
기타포괄손익(세전)	ifrs-full_OtherComprehensiveIncomeBeforeTax
기타포괄손익(법인세)	ifrs-full_IncomeTaxRelatingToComponentsOfOtherComprehensiveIncome
기타포괄손익(세후)	ifrs-full_OtherComprehensiveIncome

(3) 최종적으로 다음과 같이 매핑된다.

prefix	name	label
ifrs-full	IncomeTaxRelatingToComponentsOfOtherComprehensiveIncomeAbstract	법인세비용(수익)의 주요 구성요소 [개요]
ifrs-full	OtherComprehensiveIncomeBeforeTaxGainsLossesOnRemeasurementsOfDefinedBenefitPlans	확정급여제도의 재측정손익(세전기타포괄손익)
entitycode	OtherComprehensiveIncomeBeforeTaxGainsLossesOnGainLossOnValuationOfDerivatives	파생상품평가손익(세전기타포괄손익)
ifrs-full	OtherComprehensiveIncomeBeforeTaxExchangeDifferencesOnTranslation	세전기타포괄손익, 외화환산외환차이
ifrs-full	ShareOfOtherComprehensiveIncomeOfAssociatesAndJointVenturesAccountedForUsingEquityMethodBeforeTax	당기손익으로 재분류되는 지분법적용대상인 관계기업과 공동기업의 기타포괄손익 지분, 세전
ifrs-full	OtherComprehensiveIncomeBeforeTax	세전기타포괄손익
ifrs-full	IncomeTaxRelatingToRemeasurementsOfDefinedBenefitPlansOfOtherComprehensiveIncome	기타포괄손익에 포함되는, 확정급여제도의 재측정에 관련되는 법인세
entitycode	IncomeTaxRelatingToGainLossOnValuationOfDerivativesOfOtherComprehensiveIncome	기타포괄손익에 포함되는 파생상품평가손익에 관련되는 법인세
ifrs-full	IncomeTaxRelatingToExchangeDifferencesOnTranslationOfOtherComprehensiveIncome	기타포괄손익에 포함되는, 해외사업장환산외환차이에 관련되는 법인세
ifrs-full	IncomeTaxRelatingToShareOfOtherComprehensiveIncomeOfAssociatesAndJointVenturesAccountedForUsingEquityMethod	지분법적용대상인 관계기업과 공동기업의 기타포괄손익에 대한 지분과 관련된 법인세
ifrs-full	IncomeTaxRelatingToComponentsOfOtherComprehensiveIncome	기타포괄손익의 각 구성요소와 관련된 법인세
ifrs-full	OtherComprehensiveIncomeNetOfTaxGainsLossesOnRemeasurementsOfDefinedBenefitPlans	세후기타포괄손익, 확정급여제도의 재측정손익
entitycode	OtherComprehensiveIncomeNetOfTaxGainLossOnValuationOfDerivatives	세후기타포괄손익, 파생상품평가손익에 관련되는 법인세
ifrs-full	OtherComprehensiveIncomeNetOfTaxExchangeDifferencesOnTranslation	세후기타포괄손익, 외화환산외환차이
ifrs-full	ShareOfOtherComprehensiveIncomeOfAssociatesAndJointVenturesAccountedForUsingEquityMethod	지분법을 사용하여 회계처리하는 관계기업과 공동기업의 기타포괄손익에 대한 지분, 세후
ifrs-full	OtherComprehensiveIncome	기타포괄손익

3) 유효세율 조정 내역

(1) XBRL 주석 작성할 주석 사례

(3) 당기와 전기의 유효세율의 조정내역은 다음과 같습니다.

(단위: 백만원)

구분	당기		전기	
당기순이익(손실)		(3,195,585)		1,333,544
법인세비용(수익)		(237,785)		385,341
법인세비용차감전순이익(손실)		(3,433,370)		1,718,885
각 국가별 적용세율에 따른 세부담액	21.51%	(738,403)	30.37%	521,954
비공제비용	(0.55%)	18,742	1.01%	17,354
세액공제	4.23%	(145,189)	(3.28%)	(56,439)
실현가능성이 없는 이연법인세자산의 변동(*1)	(13.33%)	457,763	(2.21%)	(38,053)
전기 법인세 관련 당기 조정(*2)	0.06%	(2,072)	(0.49%)	(8,349)
세율변동효과	(4.90%)	168,372	(2.29%)	(39,338)
기타	(0.09%)	3,002	(0.69%)	(11,788)
합계		(237,785)		385,341
유효세율		(*3)		22.42%

여기서 유의할 점은 세율과 세부담액을 같은 행에 열을 구분하여 표 형식으로 공시하고 있어 Dimension 구조로 매핑해야 할 것 같지만, 세율과 부담세액은 각각의 별도의 개념이기 때문에 해당 id를 사용하여 평면 구조로 만들어야 한다.

- 주석 내용을 정보별로 분화

주석 내용을 라인아이템 개념과 멤버로 분화하면 다음과 같이 나뉠 수 있다.

■ 라인아이템 개념 18개 : 당기순이익(손실), 법인세비용(수익), 법인세비용차감전순이익(손실), 국가적용세율, 세부담액, 비공제비용 세율, 비공제비용 세부담액, 세액공제 세율, 세액공제 세부담액, 실현가능성이 없는 이연법인세자산의 변동 세율, 실현가능성이 없는 이연법인세자산의 변동 세부담액, 전기 법인세 관련 당기조정 세율, 전기 법인세 관련 당기조정 세부담액, 세율변동효과 세율, 세율변동효과 세부담액, 기타 세율, 기타 세부담액, 법인세비용(수익), 유효세율

■ 멤버 0개 :

(2) 주석에 사용될 수 있는 주요한 표준 택사노미 요소 검색

- 태깅하려는 요소와 매핑

이를 태깅하려는 요소(element)와 매핑하면 다음과 같다.

요소(element)	표준 id
당기순이익(손실)	ifrs-full_ProfitLoss
법인세비용(수익)	ifrs-full_IncomeTaxExpenseContinuingOperations
법인세비용차감전순이익(손실)	ifrs-full_ProfitLossBeforeTax
국가적용세율	-
세부담액	ifrs-full_TaxExpenseIncomeAtApplicableTaxRate
비공제비용 세율	-
비공제비용 세부담액	ifrs-full_TaxEffectOfExpenseNotDeductibleInDeterminingTaxableProfitTaxLoss
세액공제 세율	-
세액공제 세부담액	-
실현가능성이 없는 이연법인세자산의 변동, 세율	-
실현가능성이 없는 이연법인세자산의 변동, 세부담액	-
전기 법인세 관련 당기조정 세율	ifrs-full_TaxRateEffectOfAdjustmentsForCurrentTaxOfPriorPeriods
전기 법인세 관련 당기조정 세부담액	TaxEffectFromAdjustmentsForCurrentTaxOfPriorPeriods
세율변동효과 세율	ifrs-full_TaxRateEffectFromChangeInTaxRate
세율변동효과 세부담액	ifrs-full_TaxEffectFromChangeInTaxRate
기타 세율	ifrs-full_OtherTaxRateEffectsForReconciliationBetweenAccountingProfitAndTaxExpenseIncome
기타 세부담액	ifrs-full_OtherTaxEffectsForReconciliationBetweenAccountingProfitAndTaxExpenseIncome
법인세비용(수익)	ifrs-full_IncomeTaxExpenseContinuingOperations
유효세율	ifrs-full_AverageEffectiveTaxRate

(3) 최종적으로 다음과 같이 매핑된다.

prefix	name	label
ifrs-full	ReconciliationOfAverageEffectiveTaxRateAndApplicableTaxRateAbstract	평균유효세율과 적용세율간의 조정 [개요]
ifrs-full	ProfitLoss	당기순이익(손실)
ifrs-full	IncomeTaxExpenseContinuingOperations	법인세비용(수익)
ifrs-full	ProfitLossBeforeTax	법인세비용차감전순이익(손실)
entitycode	IncomeTaxUsingTheStatutoryTaxRateOfEachCountry	국가적용세율
ifrs-full	TaxExpenseIncomeAtApplicableTaxRate	적용세율에 의한 법인세비용(수익)
entitycode	NonDeductibleExpensesPercentage	비공제비용 세율
ifrs-full	ifrs-full_TaxEffectOfExpenseNotDeductibleInDeterminingTaxableProfitTaxLoss	과세소득(세무상결손금) 결정시 차감되지 않는 비용의 법인세효과
entitycode	TaxRateEffectOfTaxCredits	세액공제 세율
entitycode	TaxEffectOfTaxCredits	세액공제 세부담액
entitycode	TaxRateEffectOfDeferredTaxExpenseIncomeNotRecognisedInProfitOrLoss	실현가능성이 없는 이연법인세자산의 변동 ,세율
entitycode	DeferredTaxExpenseIncomeNotRecognisedInProfitOrLoss	실현가능성이 없는 이연법인세자산의 변동, 세부담액
ifrs-full	TaxRateEffectOfAdjustmentsForCurrentTaxOfPriorPeriods	과거기간의 당기법인세 조정으로 인한 법인세율효과
ifrs-full	TaxEffectFromAdjustmentsForCurrentTaxOfPriorPeriods	세후기타포괄손익, 외화환산외환차이
ifrs-full	TaxRateEffectFromChangeInTaxRate	세율 변경으로 인한 법인세율효과
ifrs-full	TaxEffectFromChangeInTaxRate	세율 변경으로 인한 법인세효과

4) 이연법인세부채로 인식되지 않은 종속기업, 지점 및 관계기업에 대한 투자자산, 그리고 공동약정 투자지분과 관련된 일시적차이

(1) XBRL 주석 작성할 주석 사례

> 당기말 현재 연결실체는 619,258백만원의 종속기업에 대한 투자자산과 관련된 가산할 일시적차이에 대하여, 지배기업이 일시적차이의 소멸시점을 통제할 수 있으며 예측가능한 미래에 일시적차이가 소멸하지 않을 가능성이 높기 때문에 이연법인세부채를 인식하지 않았습니다.

5 주석별 XBRL 매핑실습

- 주석 내용을 정보별로 분화

주석 내용을 라인아이템 개념과 멤버로 분화하면 다음과 같이 나뉠 수 있다.

■ 라인아이템 개념 1개 : 이연법인세부채로 인식되지 않은 종속기업, 지점 및 관계기업에 대한 투자자산, 그리고 공동약정 투자지분과 관련된 일시적차이

■ 멤버 0개 :

(2) 주석에 사용될 수 있는 주요한 표준 택사노미 요소 검색

- 태깅하려는 요소와 매핑

이를 태깅하려는 요소(element)와 매핑하면 다음과 같다.

요소(element)	표준 id
이연법인세부채로 인식되지 않은 종속기업, 지점 및 관계기업에 대한 투자자산, 그리고 공동약정 투자지분과 관련된 일시적차이	ifrs-full_TemporaryDifferencesAssociatedWithInvestmentsInSubsidiariesBranchesAndAssociatesAndInterestsInJointVentures

(3) 최종적으로 다음과 같이 매핑된다.

prefix	name	label
entitycode	DisclosureOfTemporaryDifferencesAssociatedWithInvestmentsInSubsidiariesBranchesAndAssociatesAndInterestsInJointVentures	이연법인세부채로 인식되지 않은 종속기업, 지점 및 관계기업에 대한 투자자산, 그리고 공동약정 투자지분과 관련된 일시적차이에 대한 공시 [개요]
ifrs-full	TemporaryDifferencesAssociatedWithInvestmentsInSubsidiariesBranchesAndAssociatesAndInterestsInJointVentures	이연법인세부채로 인식되지 않은 종속기업, 지점 및 관계기업에 대한 투자자산, 그리고 공동약정 투자지분과 관련된 일시적차이

5) 이연법인세 자산 부채의 총액

(1) XBRL 주석 작성할 주석 사례

다. 당기말과 전기말 현재 이연법인세자산과 부채의 회수 및 결제시기는 다음과 같습니다(단위:백만원).

구 분	당기말	전기말
이연법인세자산		
12개월 후에 결제될 이연법인세자산	162,693	161,402
12개월 이내에 결제될 이연법인세자산	113,499	88,685
소 계	276,192	250,087
이연법인세부채		
12개월 후에 결제될 이연법인세부채	(48,941)	(37,465)
12개월 이내에 결제될 이연법인세부채	(17,929)	(7,424)
소 계	(66,870)	(44,889)
이연법인세자산 순액	209,322	205,198

- 주석 내용을 정보별로 분화

주석 내용을 라인아이템 개념과 멤버로 분화하면 다음과 같이 나뉠 수 있다.

■ 라인아이템 개념 3개 : 이연법인세자산, 이연법인세부채, 이연법인세자산 순액
■ 멤버 2개 : 12개월 후, 12개월 이내

(2) 주석에 사용될 수 있는 주요한 표준 택사노미 요소 검색

- 태깅하려는 요소와 매핑

이를 태깅하려는 요소(element)와 매핑하면 다음과 같다.

요소(element)	표준 id
이연법인세자산	ifrs-full_DeferredTaxAssets
이연법인세부채	ifrs-full_DeferredTaxLiabilities
이연법인세자산 순액	ifrs-full_DeferredTaxLiabilityAsset
12개월 후 멤버	ifrs-full_LaterThanOneYearMember
12개월 이내 멤버	ifrs-full_NotLaterThanOneYearMember

(3) 최종적으로 다음과 같이 매핑된다.

prefix	name	label
ifrs-full	DeferredTaxAssetsAndLiabilitiesAbstract	이연법인세자산과 부채 [개요]
entitycode	DeferredTaxAssetsAndLiabilitiesTable	이연법인세자산과 부채 [표]
ifrs-full	MaturityAxis	만기 [축]
ifrs-full	AggregatedTimeBandsMember	합계 구간 [구성요소]
ifrs-full	NotLaterThanOneYearMember	1년 이내 [구성요소]
ifrs-full	LaterThanOneYearMember	1년 초과 [구성요소]
entitycode	DeferredTaxAssetsAndLiabilitiesLineitems	이연법인세자산과 부채 [항목]
ifrs-full	DeferredTaxAssets	이연법인세자산
ifrs-full	DeferredTaxLiabilities	이연법인세부채
ifrs-full	DeferredTaxLiabilityAsset	이연법인세부채(자산)

6) 이연법인세 자산 부채의 변동

(1) XBRL 주석 작성할 주석 사례

구 분	기초금액	당기손익	기타포괄손익	기말금액
이연법인세부채				
미완성주택	(974)	974	-	-
퇴직연금부담금	(19,593)	(898)	319	(20,172)
보증금 - 선급비용	(4,391)	(1,216)	-	(5,607)
미수이자	(1,773)	(17)	-	(1,790)
외화환산손실	(951)	-	-	(951)
현재가치할인차금	(1,360)	85	-	(1,275)
리스자산	(6,614)	(2,087)	-	(8,701)
기타	(3,856)	(1,956)	-	(5,812)
소 계	(39,512)	(5,115)	319	(44,308)
이연법인세자산				
선수금	919	(919)	-	-
하자보수충당금전입	72,045	(302)	-	71,743
대손충당금한도초과	45,102	45,262	-	90,364
선급비용	32,637	(31,475)	-	1,162
분양미수금	329	(329)	-	-
퇴직급여충당금한도초과	21,174	(422)	1,359	22,111
초과청구공사	4,539	(4,539)	-	-
보증금 - 현재가치평가	857	1,622	-	2,479
리스부채	7,459	1,768	-	9,227
고정자산손상차손	-	4,274	-	4,274
기타	12,707	4,351	12	17,070
소 계	197,768	19,291	1,371	218,430
합 계	158,256	14,176	1,690	174,122

- 주석 내용을 정보별로 분화

주석 내용을 라인아이템 개념과 멤버로 분화하면 다음과 같이 나뉠 수 있다.

■ 라인아이템 개념 3개 : 이연법인세부채(자산)(기초, 기말), 당기손익으로 인식한 이연법인세비용(수익), 자본에 직접 가감되는 항목과 관련된 이연법인세

■ 멤버 20개 : 미완성주택, 퇴직연금부담금, 보증금-선급비용, 미수이자, 외화환산손실, 현재가치할인차금, 리스자산, 관계기업투자주식, 기타 이연법인세부채 구성요소, 선수금, 하자보수충당금전입, 대손충당금한도초과, 선급비용, 분양미수금, 퇴직급여충당금한도초과, 초과청구공사, 보증금-현재가치평가, 리스부채, 고정자산손상차손, 기타 이연법인세자산 구성요소

여기서 유의할 사항은 구성요소를 선택할 때, dart taxonomy에서 계정과목으로 멤버가 생성되어 있는 가장 유사한 요소를 검색하여야 한다는 점이다. 예를 들어, 고정자산손상차손은 유형자산에서 발생한 손상차손으로 인한 유보 발생액이기 때문에 해당 멤버를 선택할 때 유사한 계정과목의 멤버인 유형자산 구성요소를 선택한다.

(2) 주석에 사용될 수 있는 주요한 표준 택사노미 요소 검색

- 태깅하려는 요소와 매핑

이를 태깅하려는 요소(element)와 매핑하면 다음과 같다.

요소(element)	표준 id
이연법인세부채(자산)(기초, 기말),	ifrs-full_DeferredTaxLiabilityAsset
당기손익으로 인식한 이연법인세비용(수익)	ifrs-full_DeferredTaxExpenseIncomeRecognisedInProfitOrLoss
자본에 직접 가감되는 항목과 관련된 이연법인세	ifrs-full_DeferredTaxRelatingToItemsChargedOrCreditedDirectlyToEquity
미완성주택 멤버	-
퇴직연금부담금 멤버	-
보증금-선급비용 멤버	-
미수이자 멤버	-
외화환산손실 멤버	-
현재가치할인차금 멤버	-
리스자산 멤버	ifrs-full_RightofuseAssetsMember
관계기업투자주식 멤버	-

요소(element)	표준 id
기타이연법인세부채 멤버	-
선수금 멤버	-
하자보수충당금전입 멤버	ifrs-full_WarrantyProvisionMember
대손충당금한도초과 멤버	ifrs-full_AllowanceForCreditLossesMember
선급비용 멤버	
분양미수금 멤버	ifrs-full_LoansAndReceivablesCategoryMember
퇴직급여충당금한도초과 멤버	-
초과청구공사 멤버	-
보증금-현재가치평가 멤버	-
리스부채 멤버	ifrs-full_LeaseLiabilitiesMember
고정자산손상차손	ifrs-full_PropertyPlantAndEquipmentMember
기타이연법인세자산 멤버	-

(3) 최종적으로 다음과 같이 매핑된다.

prefix	name	label
ifrs-full	ChangesInDeferredTaxLiabilityAssetAbstract	이연법인세부채(자산)의 변동 [개요]
ifrs-full	DisclosureOfTemporaryDifferenceUnusedTaxLossesAndUnusedTaxCreditsTable	일시적차이, 미사용 세무상 결손금과 미사용 세액공제에 대한 공시 [표]
ifrs-full	TemporaryDifferenceUnusedTaxLossesAndUnusedTaxCreditsAxis	일시적차이, 미사용 세무상 결손금과 미사용 세액공제 [축]
ifrs-full	TemporaryDifferenceUnusedTaxLossesAndUnusedTaxCreditsMember	일시적차이, 미사용 세무상 결손금과 미사용 세액공제 [구성요소]
entitycode	DeferredTaxAssetMember	이연법인세자산 [구성요소]
entitycode	AdvanceMember	선수금 [구성요소]
ifrs-full	WarrantyProvisionMember	제품보증충당부채 [구성요소]
ifrs-full	AllowanceForCreditLossesMember	대손충당금 [구성요소]
entitycode	PrepaidExpensesMember	선급비용 [구성요소]
ifrs-full	LoansAndReceivablesCategoryMember	대여금 및 수취채권 [구성요소]
entitycode	SeverancePayProvisionMember	퇴직급여충당금 [구성요소]
entitycode	ContractLiabilitiesMember	계약부채 [구성요소]
entitycode	GuaranteeDepositMember	보증금 [구성요소]
ifrs-full	LeaseLiabilitiesMember	리스 부채 [구성요소]
ifrs-full	PropertyPlantAndEquipmentMember	유형자산 [구성요소]
entitycode	OtherDeferredTaxAssetMember	기타 이연법인세자산 [구성요소]
entitycode	DeferredTaxLiabilityMember	이연법인세부채 [구성요소]
entitycode	UnfinishedHousingMember	미완성주택 [구성요소]

prefix	name	label
entitycode	RetirementPensionContributionMember	퇴직연금부담금 [구성요소]
entitycode	DepositPrepaidExpenseMember	보증금 - 선급비용 [구성요소]
entitycode	AccuredIncomeMember	미수수익 [구성요소]
entitycode	CurrencyTranslationLossMember	외화환산손실 [구성요소]
entitycode	PresentValueAdjustmentsMember	현재가치할인차금 [구성요소]
ifrs-full	RightofuseAssetsMember	사용권자산 [구성요소]
entitycode	SignificantInvestmentsInAssociatesMember	관계기업투자주식[구성요소]
entitycode	OtherDeferredTaxLiabilityMember	기타 이연법인세부채 [구성요소]

19. 주당이익

1) 기본주당순이익, 희석주당순이익

(1) XBRL 주석 작성할 주석 사례

[기본주당순이익]

구 분	당기	전기
지배기업 소유주지분 당기순이익(손실)	498,514,677	337,191,440
가중평균유통보통주식수	100,223,462	100,249,166
기본주당순이익(손실)	4.97	3.36

[희석주당순이익]

구 분	당기
지배기업 소유주지분 당기순이익(손실)	498,514,677
조정 후 가중평균유통보통주식수(주)	100,232,069
희석주당순이익(손실)	4.97

[유통보통주식 수 산정내역]

구 분	당기	전기
기초발행주식수	100,249,166	100,249,166
자기주식	(25,704)	-
가중평균유통보통주식수	100,223,462	100,249,166

[가중평균 유통보통주식 수 산정내역]

구 분	당기
조정 전 가중평균유통보통주식수	100,223,462
양도제한조건부주식	8,607
조정 후 가중평균유통보통주식수	100,232,069

- 주석 내용을 정보별로 분화

주석 내용을 라인아이템 개념과 멤버로 분화하면 다음과 같이 나뉠 수 있다.

■ 라인아이템 개념 8개 : 지배기업의 소유주에게 귀속되는 당기순이익(손실), 가중평균유통보통주식수, 기본주당이익(손실), 조정후 가중평균유통보통주식수, 희석주당순이익(손실), 발행주식수, 자기주식수, 양도제한 조건부주식 수

■ 멤버 0개 :

여기서 유의할 사항은 "조정전 가중평균유통보통주식수"는 이름은 다르지만 "가중평균유통보통주식수"와 동일한 개념이기 때문에 동일한 라인아이템 개념을 사용한다는 것이다.

또한, "기초발행주식수"는 "발행주식수"에 "시점"이 결합된 개념이므로 "발행주식수"개념의 id를 선택하면 된다.

(2) 주석에 사용될 수 있는 주요한 표준 택사노미 요소 검색

- 태깅하려는 요소와 매핑

이를 태깅하려는 요소(element)와 매핑하면 다음과 같다.

요소(element)	표준 id
지배기업의 소유주에게 귀속되는 당기순이익(손실)	ifrs-full_ProfitLossAttributableToOwnersOfParent
가중평균유통보통주식수	ifrs-full_WeightedAverageShares
기본주당이익(손실)	ifrs-full_BasicEarningsLossPerShare
조정후 가중평균유통보통주식수	ifrs-full_AdjustedWeightedAverageShares
희석주당순이익(손실)	ifrs-full_DilutedEarningsLossPerShare
발행주식수	ifrs-full_NumberOfSharesIssued
자기주식수	-
양도제한 조건부주식 수	-

(3) 최종적으로 다음과 같이 매핑된다.

prefix	name	label
ifrs-full	EarningsPerShareAbstract	주당이익 [개요]
ifrs-full	BasicEarningsPerShareAbstract	기본주당이익 [개요]
ifrs-full	ProfitLossAttributableToOwnersOfParent	지배기업의소유주에게귀속되는당기순이익(손실)
ifrs-full	WeightedAverageShares	가중평균유통보통주식수
ifrs-full	BasicEarningsLossPerShare	기본주당이익(손실)
ifrs-full	DilutedEarningsPerShareAbstract	희석주당순이익 [개요]
ifrs-full	ProfitLossAttributableToOwnersOfParent	지배기업의 소유주에게 귀속되는 당기순이익(손실)
ifrs-full	AdjustedWeightedAverageShares	조정된가중평균유통보통주식수
ifrs-full	DilutedEarningsLossPerShare	희석주당이익(손실)
ifrs-full	WeightedAverageSharesAndAdjustedWeightedAverageSharesAbstract	가중평균보통주식 및 조정된 가중평균보통주식 [개요]
entitycode	WeightedAverageSharesAbstract	가중평균보통주식 [개요]
ifrs-full	NumberOfSharesIssued	발행주식수
entitycode	NumberOfTreasuryStockSharesOutstanding	자기주식수
ifrs-full	WeightedAverageShares	가중평균유통보통주식수
entitycode	AdjustedWeightedAverageSharesAbstract	조정된 가중평균보통주식 [개요]
ifrs-full	WeightedAverageShares	가중평균유통보통주식수
entitycode	NumberOfStockSubjectToTransferRestrictions	양도제한 조건부주식 수
ifrs-full	AdjustedWeightedAverageShares	조정된가중평균유통보통주식수

20. 재무위험관리

1) 환위험

(1) XBRL 주석 작성할 주석 사례

1) 환위험에 대한 노출
당기말 현재 연결실체의 환위험에 대한 노출정도는 다음과 같습니다.

(외화단위: 백만)							
구분	USD	JPY	CNY	TWD	EUR	PLN	VND
현금및현금성자산	1,040	228	1,984	25	1	1	151,912
금융기관예치금	69	-	8,888	-	-	-	-
매출채권	1,725	103	703	-	-	-	-
미수금	26	114	253	10	21	-	15,800
기타외화자산	30	191	82	7	-	-	11,353
매입채무	(1,824)	(4,987)	(1,306)	-	-	-	(478,926)
미지급금	(565)	(19,084)	(1,711)	(8)	(10)	-	(2,681,508)
금융부채	(4,846)	-	(20,569)	-	-	-	-
연결재무상태표 상 총액	(4,345)	(23,435)	(11,676)	34	12	1	(2,981,369)
통화이자율스왑계약(*)	2,430	-	-	-	-	-	-
순 노출	(1,915)	(23,435)	(11,676)	34	12	1	(2,981,369)

- 주석 내용을 정보별로 분화

주석 내용을 라인아이템 개념과 멤버로 분화하면 다음과 같이 나뉠 수 있다.

■ 라인아이템 개념 11개 : 현금및현금성자산, 금융기관예치금, 매출채권, 미수금, 기타외화자산, 매입채무, 미지급금, 금융부채, 연결재무상태표 상 총액, 통화이자율스왑계약, 순노출

■ 멤버 1개 : {환위험}

여기서 유의할 점은 재무위험관리에서 공시하는 위험 유형에 대해서 구성요소를 추가해 주어야 한다는 점이다. 본 사례에 대해서는 환위험에 대해서 공시하는 사항이다.
참고로 dart taxonomy의 위험유형[축]의 도메인 및 멤버 구성은 다음과 같다.

prefix	name	label
ifrs-full	TypesOfRisksAxis	위험 유형 [축]
ifrs-full	TypesOfRisksMember	위험 [구성요소]
ifrs-full	CreditRiskMember	신용위험 [구성요소]
ifrs-full	LiquidityRiskMember	유동성위험 [구성요소]
ifrs-full	MarketRiskMember	시장위험 [구성요소]
ifrs-full	CurrencyRiskMember	환위험 [구성요소]
ifrs-full	InterestRateRiskMember	이자율위험 [구성요소]
ifrs-full	OtherPriceRiskMember	기타 가격위험 [구성요소]
ifrs-full	EquityPriceRiskMember	지분가격위험 [구성요소]
ifrs-full	CommodityPriceRiskMember	일반상품가격위험 [구성요소]
ifrs-full	PrepaymentRiskMember	중도상환위험 [구성요소]
ifrs-full	ResidualValueRiskMember	잔존가치위험 [구성요소]
ifrs-full	RiskDiversificationEffectMember	기타위험 [구성요소]

(2) 주석에 사용될 수 있는 주요한 표준 택사노미 요소 검색

- 태깅하려는 요소와 매핑

이를 태깅하려는 요소(element)와 매핑하면 다음과 같다.

요소(element)	표준 id
현금및현금성자산	ifrs-full_CashAndCashEquivalents
금융기관예치금	-
매출채권	ifrs-full_CurrentTradeReceivables
미수금	-
기타외화자산	ifrs-full_OtherAssets
매입채무	ifrs-full_TradeAndOtherCurrentPayablesToTradeSuppliers
미지급금	ifrs-full_OtherCurrentPayables
금융부채	ifrs-full_FinancialLiabilities
연결재무상태표 상 총액	-
통화이자율스왑계약	-
순노출	-
환위험 멤버	ifrs-full_CurrencyRiskMember

(3) 최종적으로 다음과 같이 매핑된다.

prefix	name	label
ifrs-full	DisclosureOfNatureAndExtentOfRisksArisingFromFinancialInstrumentsAbstract	금융상품에서 발생하는 위험의 성격과 정도에 대한 공시 [개요]
ifrs-full	DisclosureOfNatureAndExtentOfRisksArisingFromFinancialInstrumentsTable	금융상품에서 발생하는 위험의 성격과 정도에 대한 공시 [표]
ifrs-full	TypesOfRisksAxis	위험 유형 [축]
ifrs-full	TypesOfRisksMember	위험 [구성요소]
ifrs-full	CurrencyRiskMember	환위험 [구성요소]
ifrs-full	DisclosureOfNatureAndExtentOfRisksArisingFromFinancialInstrumentsLineItems	금융상품에서 발생하는 위험의 성격과 정도에 대한 공시 [항목]
ifrs-full	CashAndCashEquivalents	현금및현금성자산
entitycode	ShortAndLongtermDepositsInBanks	금융기관예치금
ifrs-full	CurrentTradeReceivables	유동매출채권
entitycode	OtherAccountsReceivables	미수금
ifrs-full	OtherAssets	기타자산
ifrs-full	TradeAndOtherCurrentPayablesToTradeSuppliers	유동매입채무
ifrs-full	OtherCurrentPayables	기타 유동 미지급금
ifrs-full	FinancialLiabilities	금융부채
entitycode	AggregateNotionalAmounts	연결재무상태표 상 총액
entitycode	CrossCurrencyInterestRateSwapContracts	통화이자율스왑계약
entitycode	IncreaseDecreaseInRiskExposureAssociatedWithInstrumentsSharingCharacteristic	순노출

유의할 점은 USD, JPY 등 열을 구성하는 항목들이 "ifrs-full_CurrencyRiskMember" 하위에 멤버를 구성하지 않는다는 점이다. 해당 항목들은 멤버를 구성하는 것이 아니고, 금액의 상황정보로서 Unit으로 정의되는 부분이 되겠다. 만약 XBRL 편집기에서 이러한 기능이 구현되지 않는다면, 불가피하게 "ifrs-full_CurrencyRiskMember"하위에 구성요소를 확장(예를 들어 "USDMember')해야 한다.

2) 환위험 민감도 분석

(1) XBRL 주석 작성할 주석 사례

(단위: 백만원)

구분	당기말		전기말	
	자본	손익	자본	손익
USD (5% 상승시)	(114,317)	(23,215)	(74,214)	2,339
JPY (5% 상승시)	(8,614)	(8,541)	(5,437)	(3,288)
CNY (5% 상승시)	(105,926)	(5)	(64,732)	172
TWD (5% 상승시)	68	3	70	5
EUR (5% 상승시)	896	(281)	178	(858)
PLN (5% 상승시)	11	11	29	29
VND (5% 상승시)	(6,161)	(6,161)	(3,865)	(3,865)

- 주석 내용을 정보별로 분화

주석 내용을 라인아이템 개념과 멤버로 분화하면 다음과 같이 나뉠 수 있다.

■ 라인아이템 개념 3개 : 위험변수 증가 가정, 위험변수의 증가 시 자본의 변동, 위험변수 증가 시 손익의 변동

■ 멤버 8개 : {환위험}, {USD, JPY, CNY, TWD, EUR, PLN, VND}

유의할 점은 괄호 안의 "5% 상승 시"에 대한 처리이다. 이 부분은 여러 방법으로 매핑이 가능할 것으로 보이는데, 본 가이드에는 Fact로 처리하고 해당하는 라인아이템 개념을 확장(위험변수 증가 가정)하였다.

(2) 주석에 사용될 수 있는 주요한 표준 택사노미 요소 검색

- 태깅하려는 요소와 매핑

이를 태깅하려는 요소(element)와 매핑하면 다음과 같다.

요소(element)	표준 id
위험변수 증가 가정	–
위험변수의 증가 시 자본의 변동	–
위험변수 증가 시 손익의 변동	–
환위험 멤버	ifrs-full_CurrencyRiskMember
USD~VND멤버	–

(3) 최종적으로 다음과 같이 매핑된다.

prefix	name	label
entitycode	DisclosureOfSensitivityAnalysisForCurrencyRiskAbstract	환위험에 대한 민감도분석에 대한 공시 [개요]
entitycode	DisclosureOfSensitivityAnalysisForCurrencyRiskTable	환위험에 대한 민감도분석에 대한 공시 [표]
ifrs-full	TypesOfRisksAxis	위험 유형 [축]
ifrs-full	TypesOfRisksMember	위험 [구성요소]
ifrs-full	CurrencyRiskMember	환위험 [구성요소]
entitycode[27]	CurrencyAxis	통화 [축]
entitycode	AllCurrenciesDomain	통화 [구성요소]
entitycode	USDMember	USD
entitycode	JPYMember	JPY
entitycode	CNYMember	CNY
entitycode	TWDMember	TWD
entitycode	EURMember	EUR
entitycode	PLNMember	PLN
entitycode	VNDMember	VND
entitycode	DisclosureOfSensitivityAnalysisForCurrencyRiskLineItems	환위험에 대한 민감도분석에 대한 공시 [항목]
entitycode	AssumedIncreaseOfRiskFactor	위험변수 증가 가정
entitycode	ChangeOfEquityIncreaseOfRiskFactor	위험변수의 증가 시 자본의 변동
entitycode	ChangeOfProfitAfterTaxIncreaseOfRiskFactor	위험변수 증가 시 손익의 변동

27 현재 dart taxonomy에는 currency axis가 없어 확장하였으나, 추후 업데이트되었을 때 포함여부를 확인하여야 한다.

3) 이자율 위험

(1) XBRL 주석 작성할 주석 사례

1) 당기말과 전기말 현재 연결실체가 보유하고 있는 이자부 금융상품은 다음과 같습니다.

(단위: 백만원)		
구분	당기말	전기말
고정이자율		
금융자산	3,547,256	4,284,950
금융부채	(6,025,365)	(5,237,711)
계	(2,478,109)	(952,761)
변동이자율		
금융부채	(8,966,045)	(7,426,095)

- 주석 내용을 정보별로 분화

주석 내용을 라인아이템 개념과 멤버로 분화하면 다음과 같이 나뉠 수 있다.

■ 라인아이템 개념 3개 : 금융자산, 금융부채, 금융자산 금융부채 합계

■ 멤버 3개 : {이자율위험}, {고정이자율, 변동이자율}

(2) 주석에 사용될 수 있는 주요한 표준 택사노미 요소 검색

- 태깅하려는 요소와 매핑

이를 태깅하려는 요소(element)와 매핑하면 다음과 같다.

요소(element)	표준 id
금융자산	ifrs-full_FinancialAssets
금융부채	ifrs-full_FinancialLiabilities
금융자산 금융부채 합계	-
이자율 위험 멤버	ifrs-full_InterestRateRiskMember
고정이자율 멤버	ifrs-full_FixedInterestRateMember
변동이자율 멤버	ifrs-full_FloatingInterestRateMember

(3) 최종적으로 다음과 같이 매핑된다.

prefix	name	label
ifrs-full	DisclosureOfNatureAndExtentOfRisksArisingFromFinancialInstrumentsAbstract	금융상품에서 발생하는 위험의 성격과 정도에 대한 공시 [개요]
ifrs-full	DisclosureOfNatureAndExtentOfRisksArisingFromFinancialInstrumentsTable	금융상품에서 발생하는 위험의 성격과 정도에 대한 공시 [표]
ifrs-full	TypesOfRisksAxis	위험 유형 [축]
ifrs-full	TypesOfRisksMember	위험 [구성요소]
ifrs-full	InterestRateRiskMember	이자율위험 [구성요소]
ifrs-full	TypesOfInterestRatesAxis	이자율 유형 [축]
ifrs-full	InterestRateTypesMember	이자율 유형 [구성요소]
ifrs-full	FixedInterestRateMember	고정이자율 [구성요소]
ifrs-full	FloatingInterestRateMember	변동이자율 [구성요소]
ifrs-full	DisclosureOfFinancialInstrumentsByTypeOfInterestRateLineItems	금융상품의 이자율 유형별 공시 [항목]
ifrs-full	FinancialAssets	금융자산
ifrs-full	FinancialLiabilities	금융부채
entitycode	FinancialAssetsAndLiabilities	금융자산과 금융부채

4) 이자율 위험 민감도 분석

(1) XBRL 주석 작성할 주석 사례

(단위: 백만원)

구분	당기말				전기말			
	자본		손익		자본		손익	
	1%p 상승	1%p 하락	1%p 상승	1%p 하락	1%p 상승	1%p 하락	1%p 상승	1%p 하락
변동이자율 금융상품(*)	(49,885)	49,885	(49,885)	49,885	(40,931)	40,931	(40,931)	40,931

이번에는 "1%p상승"과 "1%p하락"을 각각 구성요소(member)를 구성하여 매핑하여 보기로 한다.

- 주석 내용을 정보별로 분화

주석 내용을 라인아이템 개념과 멤버로 분화하면 다음과 같이 나뉠 수 있다.

■ 라인아이템 개념 3개 : 변동이자율 금융상품(변동이자율 금융상품의 이자율 변동으로 인한 자본의 변동, 손익의 변동), 위험변수 증감 가정

■ 멤버 3개 : {이자율위험}, {1%p 상승, 1%p하락}

(2) 주석에 사용될 수 있는 주요한 표준 택사노미 요소 검색

- 태깅하려는 요소와 매핑

이를 태깅하려는 요소(element)와 매핑하면 다음과 같다.

요소(element)	표준 id
위험변수의 증감	–
위험변수의 증감 시 자본의 변동	–
위험변수 증감 시 손익의 변동	–
1%p 상승멤버	–
1%p 하락멤버	–
이자율위험 멤버	ifrs-full_InterestRateRiskMember

(3) 최종적으로 다음과 같이 매핑된다.

prefix	name	label
entitycode	DisclosureOfSensitivityAnalysisForInterestRateRiskAbstract	이자율위험에 대한 민감도분석에 대한 공시 [개요]
entitycode	DisclosureOfSensitivityAnalysisFoInterestRateRiskTable	이자율위험에 대한 민감도분석에 대한 공시 [표]
ifrs-full	TypesOfRisksAxis	위험 유형 [축]
ifrs-full	TypesOfRisksMember	위험 [구성요소]
ifrs-full	InterestRateRiskMember	이자율위험 [구성요소]
ifrs-full	RangeAxis	범위 [축]
ifrs-full	RangesMember	범위 [구성요소]
entitycode	OnePointZeroPercentagePointIncreaseInInterestRatesMember	1%p 상승멤버
entitycode	OnePointZeroPercentagePointDecreaseInterestRatesMember	1%p 하락멤버
entitycode	DisclosureOfSensitivityAnalysisForInterestRateRiskLineItems	이자율위험에 대한 민감도분석에 대한 공시 [항목]
entitycode	AssumedIncreaseDecreaseOfRiskFactor	위험변수의 증감
entitycode	ChangeOfEquityIncreaseDecreaseOfRiskFactor	위험변수의 증감 시 자본의 변동
entitycode	ChangeOfProfitAfterTaxIncreaseDecreaseOfRiskFactor	위험변수 증감 시 손익의 변동

5) 유동성 위험

(1) XBRL 주석 작성할 주석 사례

구 분	당기말				
	3개월 미만	3개월에서 1년 이하	1년에서 2년 이하	2년 초과	합 계
매입채무	113,822,111	-	-	-	113,822,111
차입금	113,780,511	62,925,121	13,494,325	91,568,973	281,768,930
기타금융부채	63,232,783	3,158,086	168,089	5,976,815	72,535,773
리스부채	3,009,541	8,440,724	7,262,031	15,391,989	34,104,285
이행보증계약	35,000	-	-	-	35,000
합 계	293,879,946	74,523,931	20,924,445	112,937,777	502,266,099

- 주석 내용을 정보별로 분화

주석 내용을 라인아이템 개념과 멤버로 분화하면 다음과 같이 나뉠 수 있다.

■ 라인아이템 개념 6개 : 매입채무, 차입금, 기타금융부채, 리스부채, 이행보증계약, 합계

■ 멤버 4개 : {3개월 미만, 3개월에서 1년 이하, 1년에서 2년 이하, 2년 초과}

(2) 주석에 사용될 수 있는 주요한 표준 택사노미 요소 검색

- 태깅하려는 요소와 매핑

이를 태깅하려는 요소(element)와 매핑하면 다음과 같다.

요소(element)	표준 id
매입채무	ifrs-full_TradeAndOtherPayablesUndiscountedCashFlows
차입금	-
기타금융부채	-
리스부채	ifrs-full_GrossLeaseLiabilities
이행보증계약	-
합계	ifrs-full_NonderivativeFinancialLiabilitiesUndiscountedCashFlows
3개월 미만 멤버	ifrs-full_NotLaterThanThreeMonthsMember
3개월에서 1년 이하 멤버	ifrs-full_LaterThanThreeMonthsAndNotLaterThanOneYearMember
1년에서 2년 이하 멤버	ifrs-full_LaterThanOneYearAndNotLaterThanTwoYearsMember
2년 초과 멤버	-
유동성위험 멤버	ifrs-full_LiquidityRiskMember

(3) 최종적으로 다음과 같이 매핑된다.

prefix	name	label
ifrs-full	DisclosureOfMaturityAnalysisForNonderivativeFinancialLiabilitiesAbstract	비파생금융부채의 만기분석에 대한 공시 [개요]
ifrs-full	DisclosureOfMaturityAnalysisForNonderivativeFinancialLiabilitiesTable	비파생금융부채의 만기분석에 대한 공시 [표]
ifrs-full	MaturityAxis	만기 [축]
ifrs-full	AggregatedTimeBandsMember	합계 구간 [구성요소]
ifrs-full	NotLaterThanThreeMonthsMember	3개월 이내 [구성요소]
ifrs-full	LaterThanThreeMonthsAndNotLaterThanOneYearMember	3개월 초과 1년 이내 [구성요소]
ifrs-full	LaterThanOneYearAndNotLaterThanTwoYearsMember	1년 초과 2년 이내 [구성요소]
entitycode	LaterThanTwoYearsMember	2년 초과 [구성요소]
ifrs-full	DisclosureOfMaturityAnalysisForNonderivativeFinancialLiabilitiesLineItems	비파생금융부채의 만기분석에 대한 공시 [항목]
ifrs-full	TradeAndOtherPayablesUndiscountedCashFlows	매입채무 및 기타채무, 미할인현금흐름
entitycode	BorrowingsAndInterestUndiscountedCashFlows	차입금 및 이자 미할인현금흐름
entitycode	OtherFinancialLiabilitiesUndiscountedCashFlows	기타금융부채, 미할인현금흐름
ifrs-full	GrossLeaseLiabilities	총 리스부채
entitycode	FulfillmentGuaranteeContractCashFlow	이행보증계약, 현금흐름
ifrs-full	NonderivativeFinancialLiabilitiesUndiscountedCashFlows	비파생금융부채, 할인되지 않은 현금흐름

21. 특수관계자

1) 특수관계자 거래

(1) XBRL 주석 작성할 주석 사례

구 분	특수관계자명	매출 등		매입 등	
		매출	기타	매입(*)	기타
지배기업	에이치디씨(주)	-	213	-	7,232
관계기업	에이치디씨리조트(주)	11,353	64	39	552
	(주)고척아이파크대한뉴스테이위탁관리부동산투자회사	156,666	-	-	-
기타특수관계자	에이치디씨현대이피(주)	24	-	-	19
	에이치디씨아이서비스(주)	262	-	102,411	14,158
	에이치디씨아이앤콘스(주)	51,980	570	-	-
	에이치디씨아이파크몰(주)	12,842	101	305	6,043
	에이치디씨스포츠(주)	-	-	38	8,532
	에이치디씨영창(주)	-	-	33,415	13
	(주)HDC리츠1호	1,629	-	2,698	-
	부동산일일사(주)	12	-	164	100
	통영에코파워(주)	-	1,184	-	-
	에이치디씨신라면세점(주)	664	-	-	3
	에이치디씨아이콘트롤스(주)	31	2	154,323	4
기타	부산컨테이너터미널(주)	55,011	-	-	-
	지개남산도시고속화도로(주)	3,291	-	-	-
	서울-춘천고속도로(주)	-	33	-	-
	에이치디씨자산운용(주)	-	1	-	89
합 계		293,765	2,168	293,393	36,745

- 주석 내용을 정보별로 분화

주석 내용을 라인아이템 개념과 멤버로 분화하면 다음과 같이 나뉠 수 있다.

■ 라인아이템 개념 4개 : 매출, 기타수익, 매입, 기타비용

■ 멤버 22개 : {지배기업, 관계기업, 기타특수관계자, 기타} {에이치디씨~에이치디씨자산운용}

(2) 주석에 사용될 수 있는 주요한 표준 택사노미 요소 검색

- 태깅하려는 요소와 매핑

이를 태깅하려는 요소(element)와 매핑하면 다음과 같다.

요소(element)	표준 id
매출	ifrs-full_RevenueFromSaleOfGoodsRelatedPartyTransactions
기타수익	-
매입	ifrs-full_PurchasesOfGoodsRelatedPartyTransactions
기타비용	-
지배기업 멤버	ifrs-full_ParentMember
관계기업 멤버	ifrs-full_AssociatesMember
기타특수관계자 멤버	ifrs-full_OtherRelatedPartiesMember
기타 멤버	-
에이치디씨~에이치디씨자산운용	-

다음은 "[D818000] 주석 - 특수관계자 - 연결"의 특수관계자 거래의 개념들이다.

prefix	name	label
ifrs-full	RelatedPartyTransactionsAbstract	특수관계자거래 [개요]
ifrs-full	PurchasesOfGoodsRelatedPartyTransactions	재화의 매입, 특수관계자거래
ifrs-full	RevenueFromSaleOfGoodsRelatedPartyTransactions	재화의 판매로 인한 수익, 특수관계자거래
ifrs-full	PurchasesOfPropertyAndOtherAssetsRelatedPartyTransactions	부동산과 그 밖의 자산의 구입, 특수관계자거래
ifrs-full	SalesOfPropertyAndOtherAssetsRelatedPartyTransactions	부동산과 그 밖의 자산의 매각, 특수관계자거래
ifrs-full	ServicesReceivedRelatedPartyTransactions	제공받은용역, 특수관계자거래
ifrs-full	RevenueFromRenderingOfServicesRelatedPartyTransactions	용역의 제공으로 인한 수익, 특수관계자거래
ifrs-full	LeasesAsLessorRelatedPartyTransactions	리스제공자로서 리스, 특수관계자거래
ifrs-full	LeasesAsLesseeRelatedPartyTransactions	리스이용자로서 리스, 특수관계자거래
ifrs-full	TransfersOfResearchAndDevelopmentFromEntityRelatedPartyTransactions	기업으로부터의 연구개발의 이전, 특수관계자거래
ifrs-full	TransfersOfResearchAndDevelopmentToEntityRelatedPartyTransactions	기업으로의 연구개발의 이전, 특수관계자거래
ifrs-full	TransfersUnderLicenseAgreementsFromEntityRelatedPartyTransactions	기업으로부터의 라이선스계약에 따른 이전, 특수관계자거래

prefix	name	label
ifrs-full	TransfersUnderLicenseAgreementsToEntityRelatedPartyTransactions	기업으로의 라이선스계약에 따른 이전, 특수관계자거래
ifrs-full	TransfersUnderFinanceAgreementsFromEntityRelatedPartyTransactions	기업으로부터의 금융약정에 따른 이전, 특수관계자거래
ifrs-full	TransfersUnderFinanceAgreementsToEntityRelatedPartyTransactions	기업으로의 금융약정에 따른 이전, 특수관계자거래
ifrs-full	ProvisionOfGuaranteesOrCollateralByEntityRelatedPartyTransactions	기업의 보증이나 담보의 제공, 특수관계자거래
ifrs-full	ProvisionOfGuaranteesOrCollateralToEntityRelatedPartyTransactions	기업으로의 보증이나 담보의 제공, 특수관계자거래
ifrs-full	CommitmentsMadeByEntityRelatedPartyTransactions	기업이 체결한 약정, 특수관계자거래
ifrs-full	CommitmentsMadeOnBehalfOfEntityRelatedPartyTransactions	기업을 대신하여 체결한 약정, 특수관계자거래
ifrs-full	SettlementOfLiabilitiesByEntityOnBehalfOfRelatedPartyRelatedPartyTransactions	기업이 특수관계자를 대신한 부채의 결제, 특수관계자거래
ifrs-full	SettlementOfLiabilitiesOnBehalfOfEntityByRelatedPartyRelatedPartyTransactions	특수관계자가 기업을 대신한 부채의 결제, 특수관계자거래
ifrs-full	ParticipationInDefinedBenefitPlanThatSharesRisksBetweenGroupEntitiesRelatedPartyTransactions	연결실체에 속하는 기업 사이에 위험을 공유하는 확정급여제도에의 참여, 특수관계자거래

(3) 최종적으로 다음과 같이 매핑된다.

prefix	name	label
ifrs-full	DisclosureOfTransactionsBetweenRelatedPartiesAbstract	특수관계자거래에 대한 공시 [개요]
ifrs-full	DisclosureOfTransactionsBetweenRelatedPartiesTable	특수관계자거래에 대한 공시 [표]
ifrs-full	CategoriesOfRelatedPartiesAxis	특수관계자의 범주 [축]
ifrs-full	EntitysTotalForRelatedPartiesMember	전체 특수관계자 [구성요소]
ifrs-full	RelatedPartiesMember	특수관계자 [구성요소]
ifrs-full[28]	ParentMember	지배기업 [구성요소]
ifrs-full	AssociatesMember	관계기업 [구성요소]
ifrs-full	OtherRelatedPartiesMember	그 밖의 특수관계자 [구성요소]
entitycode	OtherPartyMember	기타[구성요소]

28 하위 회사 멤버는 생략

prefix	name	label
ifrs-full	DisclosureOfTransactionsBetweenRelatedPartiesLineItems	특수관계자거래에 대한 공시 [항목]
ifrs-full	RevenueFromSaleOfGoodsRelatedPartyTransactions	재화의 판매로 인한 수익, 특수관계자거래
ifrs-full	PurchasesOfGoodsRelatedPartyTransactions	재화의 매입, 특수관계자거래
entitycode	OtherRevenueRelatedParties	기타수익, 특수관계자거래
entitycode	OtherExpensesRelatedParties	기타비용, 특수관계자거래

2) 특수관계자 채권채무

(1) XBRL 주석 작성할 주석 사례

구 분	특수관계자명	채 권		채 무	
		매출채권	기타수취채권 (보증금 등)	매입채무	기타채무 (보증예수금)
지배기업	에이치디씨(주)	-	151	-	1,960
관계기업	에이치디씨리조트(주)	12,061	1,110	147	262
	(주)고척아이파크대한뉴스테이위탁관리부동산투자회사	-	-	-	8,520
기타특수관계자	에이치디씨현대이피(주)	-	2	-	-
	에이치디씨아이서비스(주)	-	3,861	2,000	9,992
	에이치디씨아이앤콘스(주)	5,324	131	-	-
	에이치디씨아이파크몰(주)	-	3,029	270	673
	에이치디씨스포츠(주)	-	-	-	18
	에이치디씨영창(주)	-	-	2,875	608
	(주)HDC리츠1호	-	34,706	-	-
	HYUNDAI-BYUCKSAN JV	-	1,517	-	-
	통영에코파워(주)	-	1,455	-	-
	에이치디씨신라면세점(주)	58	-	-	-
	에이치디씨아이콘트롤스(주)	-	4	20,881	3,305
기타	부산컨테이너터미널(주)	7,173	-	-	176,102
	에이치디씨자산운용(주)	-	2	-	-
합 계		24,616	45,968	26,173	201,440

- 주석 내용을 정보별로 분화

주석 내용을 라인아이템 개념과 멤버로 분화하면 다음과 같이 나뉠 수 있다.

■ 라인아이템 개념 4개 : 매출채권, 기타수취채권, 매입채무, 기타채무

■ 멤버 20개 : {지배기업, 관계기업, 기타특수관계자, 기타} {에이치디씨~에이치디씨자산운용}

다음은 "[D818000] 주석 - 특수관계자 - 연결"의 특수관계자 채권채무의 개념들이다.

prefix	name	label
ifrs-full	OutstandingBalancesForRelatedPartyTransactionsAbstract	특수관계자거래의 채권·채무 잔액 [개요]
ifrs-full	AmountsPayableRelatedPartyTransactions	채무액, 특수관계자거래
ifrs-full	AmountsReceivableRelatedPartyTransactions	수취채권, 특수관계자거래
ifrs-full	OutstandingCommitmentsMadeByEntityRelatedPartyTransactions	기업이 체결한 약정잔액, 특수관계자거래
ifrs-full	OutstandingCommitmentsMadeOnBehalfOfEntityRelatedPartyTransactions	기업을 대신하여 체결한 약정잔액, 특수관계자거래
ifrs-full	ExplanationOfTermsAndConditionsOfOutstandingBalancesForRelatedPartyTransaction	특수관계자거래의 채권,채무의 조건에 대한 설명
ifrs-full	ExplanationOfDetailsOfGuaranteesGivenOrReceivedOfOutstandingBalancesForRelatedPartyTransaction	특수관계자거래의 채권,채무에 대하여 제공하거나 제공받은 보증의 상세 내역에 대한 설명
ifrs-full	ProvisionsForDoubtfulDebtsRelatedToOutstandingBalancesOfRelatedPartyTransaction	특수관계자거래의 채권 잔액에 대하여 설정된 대손충당금

(2) 주석에 사용될 수 있는 주요한 표준 택사노미 요소 검색

- 태깅하려는 요소와 매핑

이를 태깅하려는 요소(element)와 매핑하면 다음과 같다.

요소(element)	표준 id
매출채권	-
기타수취채권	-
매입채무	-
기타채무	-
지배기업 멤버	ifrs-full_ParentMember
관계기업 멤버	ifrs-full_AssociatesMember
기타특수관계자 멤버	ifrs-full_OtherRelatedPartiesMember
기타 멤버	-
에이치디씨~에이치디씨자산운용	-

(3) 최종적으로 다음과 같이 매핑된다.

prefix	name	label
ifrs-full	DisclosureOfTransactionsBetweenRelatedPartiesAbstract	특수관계자거래에 대한 공시 [개요]
ifrs-full	DisclosureOfTransactionsBetweenRelatedPartiesTable	특수관계자거래에 대한 공시 [표]
ifrs-full	CategoriesOfRelatedPartiesAxis	특수관계자의 범주 [축]
ifrs-full	EntitysTotalForRelatedPartiesMember	전체 특수관계자 [구성요소]
ifrs-full	RelatedPartiesMember	특수관계자 [구성요소]
ifrs-full[29]	ParentMember	지배기업 [구성요소]
ifrs-full	AssociatesMember	관계기업 [구성요소]
ifrs-full	OtherRelatedPartiesMember	그 밖의 특수관계자 [구성요소]
entitycode	OtherPartyMember	기타[구성요소]
ifrs-full	DisclosureOfTransactionsBetweenRelatedPartiesLineItems	특수관계자거래에 대한 공시 [항목]
entitycode	TradeReceivablesRelatedPartyTransactions	매출채권, 특수관계자거래
entitycode	OtherReceivablesRelatedPartyTransactions	기타수취채권, 특수관계자거래
entitycode	TradeAndOtherPayablesToTradeSuppliersRelatedPartyTransactions	매입채무, 특수관계자거래
entitycode	OtherPayablesRelatedPartyTransactions	기타채무, 특수관계자거래

3) 특수관계자 공시에 대한 기타 개념들

참고로 특수관계자 공시에 대한 기타 개념들은 다음과 같다.

prefix	name	label
ifrs-full	NameOfParentEntity	지배기업의 명칭
ifrs-full	NameOfUltimateParentOfGroup	연결실체 최상위 지배기업의 명칭
ifrs-full	NameOfMostSeniorParentEntityProducingPubliclyAvailableFinancialStatements	일반이용자가 이용할 수 있는 연결재무제표를 작성하는 가장 가까운 상위의 지배기업의 명칭
ifrs-full	ExplanationOfRelationshipsBetweenParentsAndEntity	지배기업과 종속기업 사이의 관계에 대한 설명
ifrs-full	KeyManagementPersonnelCompensationShorttermEmployeeBenefits	주요 경영진에 대한 보상, 단기종업원급여

29 하위 회사 멤버는 생략

prefix	name	label
ifrs-full	KeyManagementPersonnelCompensationPost employmentBenefits	주요 경영진에 대한 보상, 퇴직급여
ifrs-full	KeyManagementPersonnelCompensationOthe rLongtermBenefits	주요 경영진에 대한 보상, 기타장기급여주요 경영진에 대한 보상, 기타장기종업원급여
ifrs-full	KeyManagementPersonnelCompensationTerm inationBenefits	주요 경영진에 대한 보상, 해고급여
ifrs-full	KeyManagementPersonnelCompensationShar ebasedPayment	주요 경영진에 대한 보상, 주식기준보상
ifrs-full	KeyManagementPersonnelCompensation	주요 경영진에 대한 보상